PROCURATORIAL STUDY

检察研究

编委会主任◎刘华　　主编◎严正华

2018年·第2辑

法律出版社
LAW PRESS·CHINA

图书在版编目(CIP)数据

检察研究. 2018年. 第2辑 / 严正华主编. -- 北京 : 法律出版社, 2018
ISBN 978-7-5197-2337-8

Ⅰ. ①检… Ⅱ. ①严… Ⅲ. ①检察机关-工作-中国-文集 Ⅳ. ①D926.304-53

中国版本图书馆CIP数据核字(2018)第121109号

《检察研究》2018年第2辑
《JIANCHA YANJIU》2018 NIAN DI 2 JI

严正华 主编

责任编辑 许 睿
装帧设计 李 瞻

出版 法律出版社
总发行 中国法律图书有限公司
经销 新华书店
印刷 永清县金鑫印刷有限公司
责任校对 张红蕊
责任印制 吕亚莉

编辑统筹 法规出版分社
开本 787毫米×1092毫米 1/16
印张 6.5
字数 131千
版本 2018年4月第1版
印次 2018年4月第1次印刷

法律出版社/北京市丰台区莲花池西里7号(100073)
网址/www.lawpress.com.cn
投稿邮箱/info@lawpress.com.cn
举报维权邮箱/jbwq@lawpress.com.cn
销售热线/010-63939792
咨询电话/010-63939796

中国法律图书有限公司/北京市丰台区莲花池西里7号(100073)
全国各地中法图分、子公司销售电话:
统一销售客服/400-660-6393
第一法律书店/010-63939781/9782
西安分公司/029-85330678
重庆分公司/023-67453036
上海分公司/021-62071639/1636
深圳分公司/0755-83072995

书号: ISBN 978-7-5197-2337-8
定价: 28.00元

《检察研究》编辑委员会

目录 Contents

专　稿

本期专题

调查报告

前沿探讨

检察实务

法治微评

专　稿

聚焦“三大公诉、三大监督”推进新时代检察工作专业化发展

刘　华*

摘要：面对当前新的形势要求，在职责定位上，检察机关应当坚定中国特色社会主义检察制度自信，坚持以人民为中心的发展思想，完善“三大公诉、三大监督”业务体系，忠实履行职责，回应群众诉求。在工作方向上，应当始终坚持专业化发展路径，提升“三大公诉、三大监督”业务水准，同时以构建现代司法管理模式为主线改进司法行政工作，全面推进检察工作专业化发展。

关键词：三大公诉　三大监督　专业化

一、准确把握新时代检察工作总体要求

当前，对检察机关来说，挑战与机遇并存、压力和动力同在。总的来看，是机遇大于挑战。党和人民对强化法律监督、推进法治建设寄予厚望，希望通过检察机关卓有成效的工作，不断满足人民群众对法治、公平、正义、安全、环境等方面日益增长的需要。与此同时，检察机关被赋予了一些新职能，包括提起公益诉讼、行政违法行为检察监督等，使检察工作有了新的发展空间。面对新的形势要求，检察机关应当顺势而为、应时而动，努力实现检察工作新时代转型发展。

（一）坚定中国特色社会主义检察制度自信

这一自信，不是妄自尊大的自信，也不是自我麻痹的自信。这一自信，源于中央对检

---

* 刘华，江苏省人民检察院党组书记、检察长。

察机关的工作要求,源于宪法法律对检察机关的职能定位。2014 年 1 月,习近平总书记在对检察工作的重要指示中,突出强调要强化法律监督能力;同年 9 月,习近平总书记首次提出加强检察监督。2017 年 9 月,习近平总书记在致第 22 届国际检察官联合会年会的贺信中再次表示,“中国检察机关是国家的法律监督机关,承担惩治和预防犯罪、对诉讼活动进行监督等职责,是保护国家利益和社会公共利益的一支重要力量。”习近平总书记的一系列重要指示,既明确了检察工作的指导思想和职责使命,也极大地丰富了检察工作的内涵,指明了检察工作的发展方向,饱含着对检察工作的殷切期望。检察机关应承担起自身的角色使命,发挥好应有作用,来完成总书记所要求的职责任务。

首先,检察机关是一切公诉活动的发起者。在刑事诉讼中,检察机关通过提起公诉来启动刑事审判程序,行使刑事追诉权;在民事行政诉讼中,法律新赋予了检察机关提起民事、行政公益诉讼的权能。检察机关代表国家提起公诉,以此来启动司法裁判程序,督促法院在认定事实和适用法律基础上,做出维护国家利益和社会公共利益的判决。与此同时,无论是刑事公诉还是民事、行政公益诉讼,检察机关都可以进行调查核实活动,通过讯问犯罪嫌疑人、询问证人、咨询专业意见、调阅行政执法卷宗材料、勘验检查等方式,收集固定证据材料。在刑事公诉活动中,检察机关还有自行侦查和退回补充侦查的权力。在民事公益诉讼诉前程序中,检察机关可以行使支持起诉的权力,帮助相关社会组织更好地保护公共利益。在行政公益诉讼诉前程序中,检察机关可以向负有监督管理职责的行政机关发出检察建议,督促纠正不作为、乱作为等行政违法问题;如果行政机关不履行或者拒绝履行,检察机关就可以提起公益诉讼,将原来的“民告官”变成“官告官”,以司法强制力督促行政机关履行职责。这些方式和手段,为检察机关行使公诉权提供了条件和支撑。

其次,检察机关是所有诉讼活动的监督者。在刑事诉讼活动中,检察机关全程对立案、侦查、审判、执行的合法性进行监督。在刑事立案阶段,检察机关通过立案监督,使符合立案条件的案件进入诉讼程序,不符合立案条件的案件过滤出诉讼程序;在刑事侦查阶段,通过侦查监督工作,监督纠正侦查活动中的违法行为;在刑事审判阶段,对法院作出的裁判,检察机关经审查认为在事实认定或者法律适用方面存在错误的,主要以提起抗诉、再审检察建议的方式,依法进行监督纠正;在刑事执行阶段,检察机关对监管场所活动以及减刑、假释、暂予监外执行等刑罚变更活动进行监督,保障刑罚正确实施。在民事诉讼活动中,检察机关可以通过提出抗诉、发出检察建议等方式,对法院所作的生效民事判决、裁定、调解书进行监督,促进法院裁判结果公平公正;对法院审判程序违法行为进行监督,促进程序正义;对法院民事执行活动进行监督,促进裁判结果落实到位;对当事人伪造证据材料恶意提起虚假诉讼也有监督权能,促使法院依法保护相关当事人的合法权益。在行政诉讼活动中,检察机关同样可以通过提出抗诉、发出检察建议等方式,对法院所作的生效裁判结果、审判程序违法行为和执行活动进行监督,形成从案件“受理—

审理程序—裁判结果—执行"的全流程监督,促进程序和实体公平公正。

从上述两个方面可以看出,公诉和监督是检察机关的两大权能,当下的检察业务工作应当以"三大公诉、三大监督"为核心展开。三大公诉,就是刑事公诉、民事公益诉讼和行政公益诉讼;三大监督,就是刑事诉讼监督、民事诉讼监督和行政诉讼监督。可以说,无论是原有职能还是新增职能,都有很大的深耕厚植的空间,检察工作仍然大有可为。

(二)坚持以人民为中心的发展思想

习近平总书记在党的十九大报告中指出,中国共产党人的初心和使命,就是为中国人民谋幸福,为中华民族谋复兴。今年1月5日,习近平总书记又鲜明提出,"时代是出卷人,我们是答卷人,人民是阅卷人。"1月10日,习近平总书记在对中央政法工作会议的批示中再次强调,要坚持以人民为中心的发展思想。人民性是检察机关的根本属性、本质属性。检察机关贯彻以人民为中心的发展思想,要切切实实地落实到司法办案工作中。当前,检察工作应当着力于以下三个方面的工作:

一是聚焦人民群众对公共安全的需求办好案件。依法严惩各种严重危害公共安全特别是食品药品、环境、财产、信息安全的犯罪,切实保障人民群众生命财产安全。中央已部署"扫黑除恶"专项斗争,省委政法委也作了具体任务部署,检察机关应当迅速响应,这种响应不是发文件、提要求、设置一些领导小组,而是真正弄清楚做什么、怎么做,显示出态度和力度。具体来说,在程序上,从办案节奏把握、人员力量调配、主动介入时机等方面作出明确要求,保障涉黑涉恶犯罪案件依法快捕、快诉;在实体上,针对涉及黑社会性质犯罪种类较为繁杂的情况,与公安机关、法院进行协商研究,明确定罪标准,形成统一意见,实现依法、规范、精准打击。对群众高度关注的重大案件,应当及时作出回应,第一时间亮明检察态度,发出检察声音。

二是聚焦人民群众对公平正义的需求办好案件。一方面,全面加强对立案、侦查、审判、执行等活动的法律监督,坚决依法监督纠正有案不立、有罪不究、枉法裁判和违法减刑、假释、暂予监外执行等突出问题,让人民群众切实感受到法律的尊严和公正。尤其是侦查监督工作,应当注意把握线索来源和方式方法两个问题,真正发挥监督引导侦查作用,坚决监督纠正少数案件久拖不查、久拖不判等情况。另一方面,也要坚持不懈强化对自身司法办案活动的监督制约,切实解决自身办案不严格、不规范、不公正问题。在以审判为中心的刑事诉讼制度下,检察机关办案不严格、不公正,是过不了庭审关的,也是经不起法律检验的。

三是聚焦人民群众对权益保障的需求办好案件。坚决惩治暴力伤医、校园欺凌、拐卖妇女儿童犯罪,严厉打击盗抢骗等多发性侵财犯罪,依法保护人民人身权、财产权。当前,还应当进一步落实"谁执法、谁普法"的普法责任制,建立完善检察官以案释法制度,主动探索、创新普法模式,促进提高群众法治意识、维护自身合法权益。同时,在目前经济环境下,还应当加强对企业产权的司法保护,严格区分经济纠纷与经济犯罪、合法企业与犯罪组织、合法财产与违法犯罪所得、正当融资与非法集资等界限，切实保护企业的合法权益。

二、始终坚持专业化发展方向

"专业化"应当成为江苏省检察机关 2018 年度的"关键词"。在当今社会，分工协作进一步精细化、专业化，各行各业都有自己的职业标准和职业精神。例如，餐饮业正向现代化、产业化迈进，餐饮人才的专业化程度越来越高，一些大的连锁酒店、宾馆都设有"行政总厨"这一职位，工作任务就是管控旗下所有酒店的厨房整体运营，提升酒店餐饮业的专业水平。又如，保洁行业也有一套非常规范化和标准化的作业流程，打破了传统"水桶＋拖把"的工作形象。日本有一位名叫"新津春子"的保洁大妈，对 80 多种清洁剂的使用方法倒背如流，因为最会打扫卫生，被封为"国宝级匠人"。这些事例生动地告诉我们，在现代社会任何一项工作要想做优做强，都必须走专业化的发展之路，粗放式、大呼隆的工作模式，将很快被时代所抛弃。

专业化也是中央对检察机关的要求。2017 年 10 月，中共中央办公厅印发了《关于加强法官检察官正规化专业化职业化建设　全面落实司法责任制的意见》，对法官、检察官的产生，法院、检察院内设机构的设置，审判权、检察权的运行等提出了明确要求，这是中央第一份就法官、检察官专业化建设作出全面系统规定的文件。检察机关要想全面充分履行法律监督职责，也只有从专业化上出实招、见实效。这既是适应监察体制改革、以审判为中心的刑事诉讼制度改革的客观需要，也是构建现代诉讼体系、彰显检察机关在政法大格局中地位的必然要求。

（一）以"三大公诉、三大监督"为核心，提升司法办案质效

一是"三大公诉"业务专业化。其一是刑事公诉。通过专业化水准、职业化素养，才能把刑事公诉这张名片擦得更亮。应当进一步健全完善刑事案件证据审查标准，提升公诉人员审查案件、认定证据、出庭公诉的专业化水平。通过实战演练、教育培训等方式，有针对性地解决公诉人员审查、举证质证、抗辩等方面经验欠缺、能力不强的问题。严格遵守证据开示规则，不搞证据突袭，展现专业形象。对于那些长时间不能胜任出庭公诉工作的检察官，还应及时调整退出员额，倒逼提升公诉能力。其二是民事公诉。民事公益诉讼将民行部门的检察官也推向了"前台"，民事公诉出庭能力也面临着专业化的问题。对生态环境和资源保护、食品药品安全领域损害公共利益等行为，需要结合实际情况适时开展专项监督，办理一批有影响的典型案件。对已经由有关机关或者组织提起诉讼的，也可以支持起诉，形成保护公共利益的合力。其三是行政公诉。行政公益诉讼应当重点把握诉前程序的专业化问题。诉前程序必须依法依规严格履行，统筹考虑行政机关监管行为不到位的损害程度、地域管辖、层级发送等因素，合理确定诉前检察建议发送对象。同时，在检察建议的内容深入性和格式规范性上继续下功夫，提高监督工作水平。

二是“三大监督”业务专业化。客观来说，监督工作仍然是检察工作的软肋，信息渠道不够宽、监督手段不够多、监督刚性不够强，需要下大力气解决。一方面，拓宽监督信息来源。目前，无锡市人民检察院已与当地公安机关建立了审讯视频专线，同时专线接入国土、环保、城管等部门的行政执法数据，对拓宽监督信息来源做出了有益的探索，省检察院也在着手筹建监督信息平台。各地检察机关也都应主动作为，与公安机关、法院等单位搭建信息共享通道，为检察监督工作提供信息支撑。另一方面，丰富监督手段。各地检察机关都应当不断创新工作机制，开动脑筋、挖掘潜力，丰富监督方式和手段，探索出务实可行的监督办法，形成更多可复制、可推广的原创性经验。

第一，刑事诉讼监督。对刑事侦查活动的监督，抓住搭建政法信息共享平台契机，进一步掌握公安机关执法办案数据，为侦查监督工作提供信息支撑。对刑事审判活动的监督，重点是加大抗诉和再审检察建议力度。在抗诉方面，应加强抗诉说理，提高抗诉质量，提升法院采纳率；在再审检察建议方面，要跟踪了解法院再审程序启动情况，对未采纳的要及时提出抗诉。对刑事执行活动的监督，在对监管场所和监管活动监督方面，应当加强日常监督，确保监督及时有效；在刑罚变更执行监督方面，应当加强同步监督，促进减刑、假释和暂予监外执行活动程序合法、实体公正；在财产刑执行监督方面，应当加大监督力度，促进常态化、制度化。

第二，民事诉讼监督。对民事裁判结果的监督，应当树立“迟到的正义非正义”的理念，完善分案方式和轮案规则，加快案件审查节奏，全力清除积压案件；对虚假诉讼的监督，要重点对借诉讼为名行逃避债务之实的行为，加大监督力度，回应群众期待；对民事执行的监督，重点加强对涉及国家利益、社会利益的执行案件以及经常出现、具有普遍性的不当执行行为的监督，体现监督效果。

第三，行政诉讼监督。在对行政诉讼案件监督方面，要加大监督力度，对符合抗诉条件的及时提出抗诉。充分运用行政公益诉讼诉前程序，对行政不作为、乱作为的问题，通过发出督促履行职责类检察建议，促进行政机关依法及时履行职责，保障公共利益。同时，积极完善行政执法与行政检察协作机制，开展对行政非诉执行的专项监督工作，支持和促进依法行政。

（二）以构建专业化的现代司法管理模式为主线，提升司法行政工作质效

司法行政工作同样要走专业化发展之路，向现代行政管理模式转型。具体而言：(1)关于办公管理，应发挥好“中枢”作用，从流程管理上动脑筋、下功夫，对办公管理的运行模式、质量标准、实施程序、突发事件处理等都进行规范化，防止工作的随意性。(2)关于新闻宣传，要从专业角度寻求提升空间，准确把握受众对象需求，以案件为依托讲好检察故事，扩大检察工作影响力。(3)关于教育培训，应改变以往较为粗放、不重评估的传统教育形式，加快体系化、标准化建设，增强培训效果。(4)关于检务保障，应当在检察装备设施的管、修、购等环节都实行现代化管理，适时探索服务外包的形式，提升检务保障

专业化水平。(5)关于队伍建设,需由传统的“管干部”向现代“人力资源管理”转型,干部人事部门应当深入了解干部的德、才、人岗适配等具体情况,建立专业化的人力资源管理体系。(6)关于工作作风,对烦琐无用的文山会海应当大刀阔斧地进行削减,上级院应减少下级院的材料报送任务,不搞“来料加工”,要自己去跑基层、勤调研,进一步改进会风文风。

检察机关参与行政公益诉讼程序研究

江苏省徐州市人民检察院课题组*

摘要：检察机关参与行政公益诉讼无论在诉前、诉中、诉后均存在一些实践难点与困惑，影响了对公共利益的有效保护。基于检察监督与公益保护相互结合的原则，有必要对检察机关参与行政公益诉讼中的若干程序性细节予以明确或者改造，优化诉前、诉中、诉后相关制度，以使检察行政公益诉讼成为公正、规范、权威的公共利益救济途径。

关键词：检察　行政公益诉讼　程序

自检察机关提起行政公益诉讼制度试点以来，由于理论认识的差异、法律规定的不足和实践积累的欠缺，导致这项制度在实际运行中存在诸多问题。2018 年 3 月 1 日，最高人民法院、最高人民检察院公布《关于检察公益诉讼案件适用法律若干问题的解释》，明确了检察公益诉讼的原则任务，部分解决了试点以来的争论，有利于公益诉讼制度的全面开展。为发挥这项制度的价值，使国家利益和社会公共利益得到更加完善的保护，仍有必要对相关问题作进一步深入探讨，以使检察行政公益诉讼成为公正、规范、权威的公共利益救济途径。

---

* 课题组负责人：王琦，江苏省徐州市人民检察院检委会委员；刘旺洪，南京审计大学校长。课题组成员：王辉，江苏省徐州市人民检察院民行处副处长；韩荣，江苏省徐州市人民检察院法律政策研究室检察官助理；马宇飞，江苏省徐州市鼓楼区人民检察院民行科副科长。本文为江苏省人民检察院 2017 年度重点理论研究课题部分成果。

一、行政公益诉讼程序的难点与争议焦点

(一)诉前程序规范化仍待提高

诉前程序是一项新的改革举措,但在形式上并未创制新的法律手段,而是沿用了检察建议这一近年来检察机关在实践中摸索和发展起来并被广泛运用的监督形式。[①] 2017年7至12月,全国检察机关共立案行政公益案件9624件,已履行诉前程序的8781件,行政机关纠正违法或履行职责的5227件。以上数据说明,诉前程序在行政公益诉讼中具有举足轻重的地位,多数案件通过诉前程序即获得解决。但是,诉前程序中遇到的问题也日益凸显,主要表现在以下几个方面:

1.行政机关"两个月"的回复期难以界定。按照"两高"司法解释的规定,行政机关应当在收到检察建议书之日起两个月内履行职责,并书面回复人民检察院。该"两个月"是行政机关处理并回复的期限,还是必须履职整改完毕的期限,实践中难以把握。

2. 行政机关不依法履行职责的界定。按照我国《行政诉讼法》的规定,行政机关不依法履行职责的,检察机关依法向人民法院提起诉讼。但如何判定行政机关是否依法履行职责,现行规定对此并不明确,导致检察机关法律监督的实质要件认定存在一定的困难。

3.案件范围的界定。主要表现为国有财产保护领域的具体案件类别,单纯的国有财产损失是否属于国家利益受损,"国有财产"理解能否泛化,对于涉及社会公共利益的有主利益以及与集体利益的竞合部分该如何处理,尚需进一步明确。

(二)诉中程序步履维艰

检察机关提起行政公益诉讼,与普通行政诉讼存在显著区别,前者为公益诉讼,后者为私益诉讼。"中国检察机关是国家的法律监督机关""检察官作为公共利益的代表"[②],检察机关作为诉讼主体与普通行政诉讼相比存在根本差异,其承担的诉讼权利义务也应与普通行政诉讼相区别。但是,2017年6月27日修改后的《行政诉讼法》并没有针对这一特殊情况,对检察机关提起的行政公益诉讼程序进行相应的改造,由此导致、检法两院在实践中产生诸多分歧。

此外,一些民事侵权行为的背后,都或多或少地存在相应负有监督管理职责的行政机关怠于履行职责或者违法行使职权的行为。如果发生行政公益诉讼和民事公益诉讼案件交叉的情况,诉讼程序该如何衔接,亦尚无明确规定。

(三)诉后程序尚在摸索之中

执行决定诉讼成败,也决定了公共利益的保护能否落到实处。近年来,各级法院虽然采取了诸多措施,但是"执行难"问题一直深受诟病,相关问题仍未得到根本解决。目

① 胡卫列、迟晓燕:《从试点情况看行政公益诉讼诉前程序》,载《国家检察官学院学报》2017 年第 2 期。

② 习近平同志 2017 年 9 月 11 日致第 22 届国际检察官联合会年会的贺信。

前，行政公益诉讼判决执行等诸多问题尚无统一规范，比如行政机关败诉却不执行生效裁判，如何监督、执行以确保行政公益诉讼取得实际效果也是摆在面前的现实问题。

二、检察机关参与行政公益诉讼程序构建原则

（一）实现公共利益有效保护

保护公共利益是检察机关提起行政公益诉讼制度的核心要义。由于法治社会奉行司法最终解决原则，司法裁决对社会纠纷的认定具有终局性和最高权威性。而确立、完善和发展公益诉讼制度最基本、最直接的原因就是为了救济公共利益，为公共利益提供司法保障。因此，公共利益的有效保护是检察机关提起行政公益诉讼的出发点和落脚点。

（二）穷尽行政督促救济

行政机关是保护国家利益和社会公共利益的主体，检察机关提起行政公益诉讼应当坚持"穷尽行政督促救济原则"。也就是说，行政公益诉讼的诉前程序是必经前置程序，只有在督促行政机关依法履行职责后或者行政机关经督促仍未履行职责且公共利益仍不能得到救济的情况下，检察机关才能提起行政公益诉讼。

（三）检察监督要落地生根

不可否认，"就司法实践而言，监督不到位，制约未落实，监督者不敢监督、不愿监督、不会监督，被监督者不接受监督，甚至以种种借口不让监督，导致法律监督形同虚设。"①要充分认识到，在保护国家利益和社会公共利益方面，检察机关与行政机关目标是一致的。为此，应赋予检察机关更多的权利，比如调查取证的保障措施、在诉讼中不应当提供担保的权利等，加强检察机关的法律监督地位，让公共利益的维护更加"掷地有声"。

（四）明确与协调相兼顾

明确性原则，最初出现于刑法理论之中。张明楷教授指出"刑事司法应遵循明确性原则"，认为"实质法治不仅强调所有人都在法律之下，而且主张以实在法之外的标准衡量和检测法律，寻求法律的实质合理性"②。对于司法程序而言，明确性原则亦是程序运行之准则，要求任何程序的设置应当有明文规定，以保证实务适用上具备可行性，以避免争议的产生，这同样适用于行政公益诉讼程序。协调性原则，主要是指在行政公益诉讼程序架构过程中，既要注意立法的一致性，也要注意是否能够保障诉讼主体、司法机关、行政机关之间的衔接，尤其是与监察委员会的衔接，形成法律监督的共同体，建立公共利益维护的常态运行机制。

---

① 樊崇义：《以审判为中心的几个理论问题》，载《法治现代化研究》2017 年第 2 期。

② 张明楷：《明确性原则在刑事司法中的贯彻》，载《吉林大学社会科学学报》2015 年第 4 期。

三、检察行政公益诉讼程序设计

目前，检察机关提起公益诉讼已全面铺开，公益诉讼实践处于累积、丰富阶段。结合实践情况，检察行政公益诉讼程序迫切需要进一步的明确规范。在具体程序的设计上，笔者提出以下具体设计建议，相关流程设计见下图：

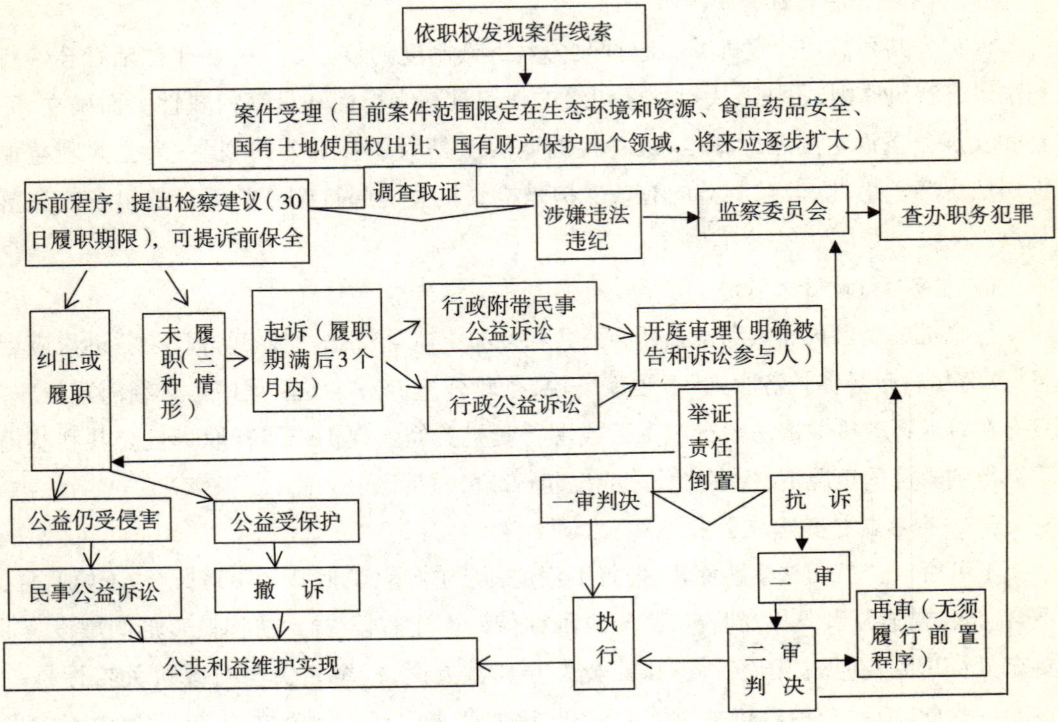

检察行政公益诉讼程序流程图

（一）诉前程序

1. 行政机关“两个月”履职期限的把握。对“行政机关两个月履职期限的把握”应当视具体情况而定。对行政机关主观上有整改意愿，也积极采取相应措施，但由于客观条件限制，无法在两个月内整改完毕、达到公共利益完全保护程度的，如恢复植被、修复土壤、治理污染等，应当继续跟进调查，不能一概认定为未依法履行职责。并且，可以在发出检察建议的同时，向社会公开发布检察建议内容，在两个月后发布行政机关回复和落实检察建议的情况、公共利益受到保护的情况，以督促行政机关提高履行职责的效率。

2. 行政机关不依法履行职责的认定。笔者认为可以从以下三点来认定行政机关不依法履行职责：(1) 无法定理由拒绝履行法定职责。行政机关不依据相关法律法规及规章等规定或者不是在授权进行的职权范围内行使行政管理活动。(2) 涉案行政相对人未停止侵害公共利益的行为。在该类案件中，虽然行政机关依法采取了相应监管措施，但是未能完全制止行政相对人的违法行为，使公共利益仍然处于受侵害状态。(3) 未穷尽法律手段。行政机关在作出相关行政决定后，行政相对人不予执行，且行政机关又未依据相关法律规定进一步采取相关措施的。

3. 案件范围。我国《行政诉讼法》对案件范围规定为四类，只有在“国有财产保护”领域存在争议。争议的内容主要有两点：一是单纯的国有财产流失，能否认定为国家利益受到侵害；二是对于一些应收未收的税、费，由于国家尚未实际取得该项财产，能否认定为国家利益受到了侵害。实践中，对凡是造成国有财产实际流失，或者国家应当取得而未取得的，都可以列入起诉范围。比如，徐州市检察机关曾办理了税务部门怠于履行征缴税款的案件、人防部门怠于收缴人防建设经费的案件、财政部门怠于履行监管职责导致财政补贴资金被骗领的案件。

4. 调查取证。虽然司法解释赋予检察机关调查取证权①，然而对于公共利益受侵害的事实、行政机关履职情况等方面的证据，大都掌握在行政机关手里，行政机关如果不予配合，检察机关的调查取证难度较大。笔者建议，可以借鉴《民事诉讼法》赋予人民法院的司法拘留权、罚款权，对于妨碍人民检察院调查取证的，由检察机关依法进行处罚，以保障调查取证权落到实处。

5. 诉前保全。如果行政机关不及时履行职责，可能造成国家利益或社会公共利益遭受重要损失等紧急情况的，检察机关在法定回复期限之前，或者履行诉前程序之前，除可以建议人民法院依职权采取财产保全和证据保全外，还可以建议法院对行政机关作出临时停止或者实施某一行为的命令，由法院审查或者主动裁定采取措施。

（二）诉中程序

1. 起诉期限。关于行政公益诉讼的起诉期限问题，理论上存在争议。有学者认为，检察机关提起行政公益诉讼不适用普通行政诉讼起诉期限。有学者则认为，检察机关提起行政公益诉讼仍应遵循《行政诉讼法》和相关司法解释。笔者认为，“不仅要看行政执法机关作出行政行为的具体时间，也要看是否履行了自己的职责，只要是没有履行职责，检察机关可以随时提起诉讼。”②但是，这种“随时”不应没有限制。因为检察机关提起行政公益诉讼还有一个诉前检察建议的前提条件。所以笔者建议将检察机关提起行政公益诉讼的起诉期限，限制在行政机关两个月的履职期满后的三个月内。

2. 诉讼请求。行政公益诉讼的诉讼请求基于行政机关违法行使职权且经督促后仍不改正导致国家利益和社会公共利益受侵害而提出。所以，诉讼请求应限定在撤销或者部分撤销违法行政行为、在一定期限内履行法定职责、确认行政行为违法或者无效等三

---

① 《最高人民法院、最高人民检察院关于检察公益诉讼案件适用法律若干问题的解释》第六条规定：“人民检察院办理公益诉讼案件，可以向行政机关及其他组织、公民调查收集证据材料；有关行政机关以及其他组织、公民应当配合。”

② 参见徐全兵：《深入探讨法理基础科学谋划程序设计——探索建立检察机关提起公益诉讼制度研讨会观点综述》，载《人民检察》2016 年第 11 期。

种类型的诉讼请求。一般经过诉前检察建议后,检察机关提出的诉讼请求应与诉前检察建议的内容相匹配,但在检察建议中未体现的确认违法的诉讼请求则不受限制。如果案件具体情况发生变化,则应根据新情况提出新的检察建议。诉讼请求中不应提出对失职行政人员进行处分方面的诉讼请求,如发现有关人员涉嫌违法违纪的,应当依法向监察委员会移送违法违纪线索。

3. 诉讼参加人。行政公益诉讼参加人,包括:(1)被告。不同行政机关存在职能或者权限交叉时各自的分工和职责,需要根据职权来源确定起诉对象。如对于法律法规、规章授权的派出机构,可直接作为起诉对象;对于受其他行政机关委托的,则以委托的行政机关作为被起诉对象。当多个行政主体牵涉同一公共利益受损害案件时,共同作出行政行为的行政机关是共同被告。(2)第三人。在某些行政公益诉讼案件中,最终承担法律后果的主体实际上是行政相对人。法院审查行政公益诉讼案件具有双重指向,不仅对行政机关的行为进行评价,还会对行政相对人的行为作出评价。因此,行政行为的相对人以及其他与行政行为有利害关系的公民、法人或者其他组织可以以第三人身份参加诉讼。第三人在法律上具有独立的法律地位,应享有独立的上诉、申请再审的权利。如果行政相对人还可能需要承担民事责任的,检察机关可以提起行政附带民事公益诉讼,详见下文关于行政公益附带民事公益诉讼的论述。

4. 举证责任和证据适用。(1)举证责任。《行政诉讼法》中规定普通行政诉讼的证明责任原则为"举证责任倒置",但举证责任倒置是否适用行政公益诉讼?有的学者认为,检察机关的权力足以抗衡行政权力,应当按照"谁主张,谁举证"的原则承担举证责任。笔者认为,检察机关提起行政公益诉讼的初衷并不是为了让权力与权力进行抗衡,而是依法追究行政机关因怠于履行职责或者违法履行职责的责任。因此,检察机关提起行政公益诉讼也应当适用举证责任倒置的举证原则,由行政机关举证证明其行政行为的合法性。这种举证责任分配也适合我国权力架构模式和行政诉讼的司法实践,让行政机关承担其应有的压力,促使其严格执法,从源头上减少或者杜绝侵害公共利益事件的发生。(2)证据适用。检察机关提起行政公益诉讼,尤其是在民事公益诉讼和行政公益诉讼存在一定关联的情况下,在证据的适用上,除了适用非法证据排除等一般证据规则外,还可做如下分析:①行政机关在民事公益诉讼程序中提交的为证明民事侵权事实的证据,如果是行政机关在作出相关行政行为后收集的证据,或者是违反行政程序收集的证据;人民法院、人民检察院在民事公益诉讼程序中依职权调取的证据、社会组织在民事公益诉讼程序中依法取得的证据,如果是行政机关在行政程序中未作为行政行为依据的证据,则在行政公益诉讼中不具有证明行政机关行政行为合法性的证据的适格性。②民事公益诉讼的被告在民事公益诉讼程序中提交的证据,如果是其在行政程序中应当依法提供而拒不提供,则在行政公益诉讼程序中,原则上不具有诉讼证明上的适格性。③民事公益诉讼中,诉讼主体在调解、和解中的对己方不利的自认,在行政公益诉讼程序中不具有诉讼证明上的适格性。④在先的民事公益诉讼判决采用的证据，如果存在以上情形，同样在行政公益诉讼中不具有诉讼证明上的适格性。

5. 审判监督程序。关于是否应当赋予检察机关审判监督权，有学者认为，检察机关在行政公益诉讼中不能身兼诉讼监督职能，因为检察机关在履行法律监督职能时，不可能与作为被监督者的人民法院处于平等的地位，况且监督者也不能在被监督的事项中拥有自身的利益。而享有"公益诉权"的检察机关对于其提起的公益诉讼案件，必然追求着胜诉结果的"自身利益"。[①] 笔者认为，检察权作为法律监督权，其主要在程序上产生效力，是一种程序上的权力救济机制，所有的监督事项仍必须经过法院的裁判。检察机关行使审判监督权，仅是启动诉讼程序，不是直接纠正违法行政行为或者法院裁判行为。同时，检察机关提起诉讼的目的是为保护公共利益，这使其在启动审判监督程序时极为谨慎。所以，应当赋予检察机关审判监督权。与一般行政诉讼的审判监督不同的是，检察机关可以依职权直接启动抗诉程序，无须再审前置。

6. 撤诉。对于检察机关撤回起诉应当从严把握。笔者认为，检察机关只有在两种情形下才可以撤诉：(1)行政机关依法充分履行了职责，公共利益已经得到保护，检察机关的诉讼请求得以全部实现。(2)检察机关证据不足，撤诉补充证据后重新起诉。除此之外，实践中还可以考虑行政机关主观态度、行政协商因素、案件影响以及教育意义等因素。因此，撤诉之前应当首先考虑变更检察机关诉讼请求为确认违法。对于决定撤回的案件，检察机关应当进行后续跟踪监督，如果被告行政机关仍没有履职到位，或者公共利益没有得到充分保护，检察机关应当重新提起诉讼，法院应当恢复审理。

7. 行政附带民事公益诉讼。有关行政争议和民事争议可以一并审理的法律规定在《行政诉讼法》第六十一条，[②]但对具体审理程序并无明确规定。虽然，试点期间实践中也有行政附带民事诉讼的实践探索，[③]但在法律层面上一直缺乏明确规定，此次出台的司法解释也仅规定了刑事附带民事公益诉讼，并未规定行政公益附带民事公益诉讼。笔者认为，基于提高诉讼效率、维护公共利益的考量，可以探索开展行政公益附带民事公益诉讼，但应具备以下条件：行政公益诉讼已经成立；两种诉讼须有密切的内在关联性，即行政公益诉讼和民事公益诉讼是基于同一法律事实，即侵权人实施了侵害公共利益的行为而引起；附带民事公益诉讼须在行政公益诉讼一审期间提出；案件范围限制在生态环境和资源保护、食品药品安全两大领域；按照优先管辖的原则确定管辖。

---

① 洪浩、邓晓静：《公益诉讼制度实施的若干问题》，载《法学》2013 年第 7 期。

② 《中华人民共和国行政诉讼法》第六十一条规定："在涉及行政许可、登记、征收、征用和行政机关对民事争议所作的裁决的行政诉讼中，当事人申请一并解决相关民事争议的，人民法院可以一并审理。"其中也不乏部分地区开展行政附带民事诉讼的实践，如重庆市高级人民法院于 2012 年制定了《重庆市高级人民法院关于在部分中、基层人民法院开展行政附带民事诉讼试点工作的通知》，并于 2012 年起在重庆市正式展开行政附带民事诉讼试点工作。

③ 2010 年 6 月，浙江省高级人民法院布置在全省法院开展行政附带民事诉讼试点工作，判决或调解了若干行政附带民事诉讼案件，在全国法院行政审判系统及行政诉讼理论界引起了很大反响。

（三）诉后程序

1. 检察机关败诉责任的承担。任何诉讼都存在败诉的潜在风险，检察行政公益诉讼也不例外。由于行政公益诉讼不适用反诉，如果法院判决检察机关败诉，结果只能是驳回检察机关的诉讼请求，而不可能判决检察机关承担某种责任。在以客观诉讼为架构的行政公益诉讼制度下，当遭遇司法救济无法实现时，检察机关自身有两种解决途径：一是依法提出上诉或根据有关规定提请上级人民检察院监督；二是提请上级人民检察院与同级行政机关协调沟通处置方案。

2. 行政机关败诉责任的承担。检察机关提起的行政公益诉讼，诉讼请求多为确认行政机关违法或者判决行政机关履行法定职责。根据诉讼法理论，前者是确认之诉，后者是给付之诉。行政机关在责任承担方面，前者无配合履行必要，后者因为具有专业性、技术性、系统性、不可替代性等特征，其责任承担也将是复杂的周期性等待。当然，如果行政公益诉讼涉及鉴定、评估等事项，行政机关败诉还须承担此笔费用。

3. 行政执行与败诉执行。当行政机关对行政行为的执行存在持续性时，与普通行政诉讼中的“不停止执行原则”相反，行政公益诉讼适用“停止执行原则”。并且由于存在强制执行难度，检察机关还需对行政机关履行生效裁判以及公共利益是否得到有效保护进行监督和评估。一方面可以督促人民法院及时采取强制措施，另一方面对行政机关拒不履行判决、裁定的，可以向上级机关通报、公告，或者采取委托第三方替代履行，以及追究当事人责任的手段进行监督。

刑事附带民事公益诉讼制度的检讨与完善

——以50件刑事附带民事公益诉讼案件为样本

汪世芳*

摘要:刑事附带民事公益诉讼具有节约司法资源、简化诉讼程序、提高诉讼效率、避免裁判矛盾等优势,但从检察实践看,刑事附带民事公益诉讼在整个公益诉讼中的比重不大,在管辖法院、诉前程序、赔偿范围以及与行政公益诉讼的衔接等方面还存在不少困难。笔者基于对50件刑事附带民事公益诉讼检察实践的实证分析,提出应突破刑事附带民事公益诉讼的赔偿范围、扩大诉前程序的对象和范围、建立刑事附带民事公益诉讼与行政公益诉讼的衔接渠道等建议。

关键词:刑事诉讼　民事公益诉讼　行政公益诉讼

自2015年7月全国人大授权13省市检察机关开展公益诉讼试点以来,各地检察机关积极开展公益诉讼实践。目前,检察机关提起公益诉讼有三种模式:民事公益诉讼、刑事附带民事公益诉讼和行政公益诉讼。其中,刑事附带民事公益诉讼(以下简称刑附民公益诉讼)因为有刑事侦查、鉴定、审查工作的铺垫,具有转化为公益诉讼的概率大、证据的可采信高、对环境公共利益保护充分等多重积极属性,在检察实践中可操作性强,运行效果好。但刑附民公益诉讼毕竟是新事物,在法律依据、制度衔接、实践操作等方面出现了大量新问题,亟待检察机关开展调查研究并作出妥善回应。为此,笔者在中国裁判文书网中以"公益诉讼、刑事附带民事诉讼"为关键词,搜索出50件刑附民公益诉讼案件判决书。笔者以此为研究样本,试图一斑窥全豹,考察刑附民公益诉讼的运行现状及问题,剖析问题的产生根源,并提出完善制度的建议。

---

* 汪世芳,江苏省连云港市人民检察院民事检察处助理检察员。

一、刑附民公益诉讼的运行现状

在试点期间，虽然法律法规对刑附民公益诉讼制度未作规定，但该制度在司法实践中一直存在。最高人民法院、最高人民检察院联合出台的《关于检察公益诉讼案件适用法律若干问题的解释》（以下简称《两高解释》）第二十条为刑附民公益诉讼指引了方向。[①] 50 件案件样本均在《两高解释》出台前采集，涉及省份有江苏、安徽、云南、四川等地。笔者通过对 50 件案件样本的分析，认为以下问题值得关注：[②]

1. 刑附民公益诉讼案件的受理程序不统一。最高人民法院、最高人民检察院分别在试点期间制定的《人民检察院提起公益诉讼案件试点工作实施办法》《人民法院审理人民检察院提起公益诉讼案件试点工作实施办法》中均规定，第一审民事公益诉讼由中级人民法院管辖，[③]但对刑附民公益诉讼案件的级别管辖未予以明确。分析 50 件案件样本可知，一般刑附民公益诉讼由基层人民法院审理，但是在受理程序和受理法院上存在差别。有的地方案件由中级人民法院受理，待省高级人民法院批准后，再由中级人民法院指定基层人民法院审理。如云南省普洱市中级人民法院就多起案件指定云南省孟连傣族拉祜族佤族自治县人民法院审理，认为本案系刑事附带民事公益诉讼案件，刑事案件已由云南省孟连傣族拉祜族佤族自治县人民法院立案审理，附带民事公益诉讼也应交由云南省孟连傣族拉祜族佤族自治县人民法院立案审理。[④] 有的地方由基层人民检察院层报省级人民检察院，待省级人民检察院批准后，基层人民检察院直接向同级法院提起刑附民诉讼。如江苏省连云港市连云区人民检察院提起的于某某滥伐林业刑附民公益诉讼案件，该院经连云港市人民检察院层报江苏省人民检察院，经省人民检察院同意提起刑附民公益诉讼后，连云港市连云区人民检察院随即向同级人民法院提起刑附民公益诉讼。

2. 诉前程序中征询范围和方式不统一。《两高解释》中规定，检察机关提起民事公益诉讼前，应当在媒体上发布公告，在没有适格主体或者适格主体不提起诉讼的情况下，检察机关才可以提起公益诉讼。[⑤] 上述规定中对公告范围未作详细规定，且亦未明确是否适用于刑附民公益诉讼。在司法实践中，检察机关的征询方式和征询范围均存在差异。

---

① 《两高解释》第二十条规定，人民检察院对破坏生态环境和资源保护、食品药品安全领域侵害众多消费者合法权益等损害社会公共利益的犯罪行为提起刑事公诉时，可以向人民法院一并提起附带民事公益诉讼，由人民法院同一审判组织审理。人民检察院提起的刑事附带民事公益诉讼案件由审理刑事案件的人民法院管辖。

② 随着《两高解释》的出台，一些问题会得以解决，如检察机关的诉讼身份将会明确。因此，该类问题本文不再赘述。

③ 《人民法院审理人民检察院提起公益诉讼案件试点工作实施办法》第五条规定，人民检察院提起的第一审民事公益诉讼案件由侵害行为发生地、损害结果地或者被告住所地的中级人民法院管辖，但法律、司法解释另有规定的除外。《人民检察院提起公益诉讼案件试点工作实施办法》也作了类似规定。

④ 参见（2017）云 08 民初 36 号判决书。

⑤ 《两高解释》第十三条规定，人民检察院在履行职责中发现破坏生态环境和资源保护、食品药品安全领域侵害众多消费者合法权益等损害社会公共利益的行为，拟提起公益诉讼的，应当依法公告，公告期间为三十日。

如南京市六合区人民检察院在办理张某甲污染环境案件时，向南京市民政局征询辖区内有无适格主体。① 有的则在本辖区内发布公告，在公告期内社会组织可提起诉讼。然而，从公益诉讼本身而言，是赋予不具有利害关系的主体以起诉资格，故对某一地的公害案件理论上全国范围内符合法定条件的有关组织均有提起公益诉讼的资格。② 因此，不论是向辖区内的民政机构征询辖区内有无适格主体，还是在辖区内发布公告，都可能剥夺了符合条件的其他社会组织参加诉讼的权利。

3. 刑附民公益诉讼的赔偿范围不统一。对于该类案件的赔偿范围，多数做法是被告人除赔偿因犯罪行为造成的物质损失外，还赔偿修复费用或者承担补种树木、赔礼道歉等民事侵权责任。但在50件案件样本中也有个别审判机关认为检察机关提起的补种树木的诉讼请求不在刑附民公益诉讼赔偿范围内，驳回了检察机关的该项诉求。如四川省金阳县人民法院在审理苏某某、俄某某盗伐林木案件中，认为补种树木与刑事附带民事诉讼中财物被毁坏而遭受物质损失的可计算、可赔付内容不相一致，驳回了检察机关的这一诉求。③ 这一做法有其理论基础，在一般的刑附民诉讼中，被告人对刑附民原告人的赔偿范围仅限于物质损失，④该规定排除了死亡赔偿金、残疾赔偿金和被扶养人生活费等三项赔偿诉求。同理，对于造成的财产损害，也不宜支持修复费用等诉求。但若以此规定限定刑附民公益诉讼赔偿范围，则无疑会消减刑附民公益诉讼的效果和影响，这需要在理论上为刑附民公益诉讼赔偿范围正名。

4. 刑附民公益诉讼与行政公益诉讼的衔接不统一。50件案件样本中涉及非法占用农用地、盗伐林木、非法捕捞水产品、非法采矿等领域，而这些领域均应由相关的行政部门负监管职责。如在刑事案件提起公诉前，行政机关已经对该犯罪行为予以了行政处罚或者督促被害人提起刑附民诉讼，那么检察机关无须责令行政机关履行责任；但如在提起刑附民公益诉讼后，行政机关仍未履行监管职责，检察机关能否提起行政公益诉讼，要求法院确认行政机关的不作为违法？如内蒙古自治区呼伦贝尔市海拉尔区人民检察院对海拉尔区林业局提起的行政公益诉讼案件中，在海拉尔区林业局已经责令第三人提起刑附民诉讼后，检察机关仍提起了行政公益诉讼，法院判决确认了海拉尔区林业局行政行为违法并判令其继续履行其职责。但50件案件样本中的多数案件，检察机关均未从

---

① (2017)苏0116刑初399号。

② 陆军、杨学飞:《检察机关民事公益诉讼诉前程序实践检视》，载《国家检察官学院学报》2017年第6期。

③ (2015)金阳刑初字第11号。

④ 《最高人民法院关于适用〈中华人民共和国刑事诉讼法〉的解释》第一百五十五条规定，对附带民事诉讼作出判决，应当根据犯罪行为造成的物质损失，结合案件具体情况，确定被告人应当赔偿的数额。犯罪行为造成被害人人身损害的，应当赔偿医疗费、护理费、交通费等为治疗和康复支付的合理费用，以及因误工减少的收入。造成被害人残疾的，还应当赔偿残疾生活辅助具费等费用；造成被害人死亡的，还应当赔偿丧葬费等费用。

中发现行政公益诉讼线索。①

5. 刑附民公益诉讼的启动标准与实践做法不统一。50 件案件样本中,有 5 件调解结案(被告人同意支付修复费用),4 件因被告人同意赔偿生态修复费用,民事部分另行处理,在判决书中陈述被告人已经支付了修复费用的有 28 件,因此,多数刑附民公益诉讼案件在法院判决后,被告人均积极履行了民事部分的赔偿义务。这一方面说明,检察机关在提起刑附民公益诉讼之前,已经与被告人进行了充分的沟通,确保刑附民公益诉讼赔偿能顺利履行,产生了很好的社会效果;另一方面也说明,相对于普通刑附民案件执行率较低、被害人难以从被告人处获得赔偿而言,②刑附民公益诉讼有可能陷入选择性执法的误区。通过庭前沟通,检察机关只对能够履行赔偿义务的被告人提起附带民事公益诉讼,对不能够承担修复费用的被告人不再提起刑附民公益诉讼,该做法与《两高解释》规定的启动标准不一致,也有违公益诉讼的初衷和公平正义的基本理念。

二、刑附民公益诉讼的困境探源

刑附民公益诉讼存在的诸多问题,一方面同公益诉讼制度发展的不成熟性有关,另一方面也与理论研究少,实践样本不丰富及内外部协调配合不力相关。

第一,制度发展的不成熟性。公益诉讼自 2015 年 7 月在部分省市试点以来,至今还不到三年的时间,仍处于初期阶段,从制度设计到落地生根,时间短,样本少。且有关公益诉讼的条文过于简短、概括、原则,甚至存在缺漏,因此在程序上出现差异在所难免。虽然《两高解释》能在一定程度上解决上述问题,如明确检察机关为公益诉讼起诉人,但对于公益诉讼的审判原则、审判程序、责任承担等一系列理论和制度问题,还需在实践中不断摸索、研究和完善。③

第二,实践样本不丰富。关于公益诉讼的模式,最高人民法院和最高人民检察院在其各自制定的《实施办法》中均只规定了民事公益诉讼和行政公益诉讼,对刑附民公益诉讼没有提及。就影响力而言,刑附民公益诉讼涉及的案件标的小,被告一般为个人,社会影响力不如行政机关,不能体现检察机关公益诉讼的效果。作为民事公益诉讼中的一个附加模式,刑附民公益诉讼在实践中容易被忽视,试点期间各地区提起的公益诉讼案件中,刑附民公益诉讼案件不足 1%。因此,各地在实践中偏重于行政公益诉讼和民事公益诉讼,刑附民公益诉讼样本少,可循经验不足,各地都是摸着石头过河,必然出现各自为

---

① (2017)内 0702 行初 13 号,该判决认为:"公益诉讼人向被告发出检察建议后,被告采取了积极的行政措施,并为被毁坏林地植被恢复做好了准备工作,但受气候及季节限制,被毁坏林地的植被至今未能恢复。被告作出的行政行为未能达到其行政目的。因此,判令被告继续履行职责,会更加有效地督促被告依法行政,保护森林资源及生态环境。公益诉讼人为保护国家和社会公共利益不受侵害,所提出的诉讼请求有事实依据和法律依据,本院予以支持。"

② 刘慎争:《当前人民检察院提起附带民事诉讼的困境和出路——以苏州地区基层检察院的实践为视角》,华东政法学院 2006 年硕士学位论文。

③ 颜运秋、余彦:《公益诉讼司法解释的建议及理由》,载《法学杂志》2013 年第 7 期。

政、各行其是的现象。

第三,内外部协调沟通不畅。自公益诉讼开展以来,从最高人民检察院到省级人民检察院在考核中,行政公益诉讼和民事公益诉讼考核权重大,刑附民公益诉讼考核权重低。在考核指挥棒的引领下,一方面一些地方检察机关对刑附民公益诉讼不重视,也有些地方检察机关内部配合不力,公诉部门抱着"多一事不如少一事"的心态,不主动将案件移送民行部门,民行部门也不了解案件的具体情况,导致案件质差量少;另一方面法、检两家对于刑附民公益诉讼的制度设计未达成基本一致,导致检察机关在刑附民公益诉讼中更多地扮演着指控者和程序当事人的角色,对于裁判结果、执行程序活动的诉讼监督基本缺位。

三、刑附民公益诉讼的路径选择

刑事附带民事诉讼程序不仅能节约司法资源,而且还能简化诉讼程序,提高诉讼效率,避免民事法官重新审理而造成的不必要的拖延,避免刑民裁判上的矛盾和冲突,有利于挽救国家及被害人因犯罪行为所遭受的财产损害,实现社会稳定。针对检察机关提起刑附民公益诉讼存在的问题,笔者认为,应从以下几个方面予以完善:

1. 规范刑附民公益诉讼的受理程序。《两高解释》规定刑附民公益诉讼由人民法院同一审判组织审理,并由审理刑事案件的人民法院管辖。这一规定既区别于民事公益诉讼的级别管辖,也避免了法、检两家各自指定管辖的冲突。检察机关在提起刑附民公益诉讼前,大多需要上级院的批准。因此,对于检察机关提起的刑附民公益诉讼案件,应由基层人民检察院逐级向上级院请示,待上级检察机关批准后,基层检察机关应将刑附民公益诉讼案件与刑事案件一并提交到同级法院,同级法院应予以受理。另外,刑附民公益诉讼和刑事案件应由同一审判组织一并审判,只有为了防止刑事案件审判的过分迟延,才可以在刑事案件审判后,由同一审判组织继续审理附带民事公益诉讼。①

2. 扩大诉前程序的征询范围。笔者认为,一方面,检察机关提起刑附民公益诉讼,不同于民事公益诉讼和行政公益诉讼,可不在媒体上征询适格主体,而应由检察机关民行部门提起刑附民公益诉讼。理由如下:检察机关民行部门介入案件时间早、程度深,如参与了案件的调查取证、提审被告人等程序,对案情了解,如此时再由其他社会组织来提起诉讼,将导致诉讼资源的浪费。但另一方面,在刑附民诉讼中,公诉机关和附带民事诉讼的原告人可以是不同的主体来主张,如刑附民原告人可以是案件的被害人或者其近亲属。因此,如检察机关认为有必要,在提起刑附民公益诉讼前,应当在全国范围的媒体上发布公告,公告期为30日。在没有适格主体或者适格主体不提起诉讼的情况下,检察机

---

① 《江苏省高级人民法院、江苏省人民检察院关于规范人民检察院提起公益诉讼案件起诉和受理工作的若干意见》第六条。

关提起公益诉讼后，法院原则上不再裁定准许相关主体作为原告提起公益诉讼。至于向市级民政部门征询的做法，因不能涵盖所有的社会组织，应当予以避免。

3. 适当扩大"损失"的范围。《刑事诉讼法》第 99 条第 2 款规定的"国家、集体财产遭受损失"中的"损失"与该条第 1 款普通刑事附带民事诉讼中的"物质损失"是否为同一范围，存在一定的争议。但从司法实践来看，受"物质损失"思维的制约，法院对损失的界定往往局限于直接损失，远远小于民事法律所规定的赔偿范围。因此有必要适当扩展"损失"的范围[①]。在审理涉及环境民事公益诉讼案件时，《最高人民法院关于审理环境民事公益诉讼案件适用法律若干问题的解释》第 19 条规定："原告为防止生态环境损害的发生和扩大，请求被告停止侵害、排除妨碍、消除危险的，人民法院可以依法予以支持。原告为停止侵害、排除妨碍、消除危险采取合理预防、处置措施而发生的费用，请求被告承担的，人民法院可以依法予以支持。"其中"排除妨碍""消除危险""处置措施"等都可以在一定条件下被认定为环境损害"清除措施费用"；《最高人民法院关于审理环境侵权责任纠纷案件适用法律若干问题的解释》第 15 条中亦规定，被侵权人起诉请求污染者赔偿为防止污染扩大、消除污染而采取必要措施所支出的合理费用的，人民法院应予支持。虽该上述规定是否适用于刑附民公益诉讼未有定论，但因在我国环境民事公益诉讼中，"赔偿损失"的请求范围包括了预防性措施、调查评估、过渡期等费用，[②]刑附民公益诉讼因与其性质、效果相似，也应参照适用。

4. 建立刑附民公益诉讼与行政公益诉讼的线索衔接机制。对于生态环境、资源保护领域、食品药品安全领域、环境污染问题，通常既要解决实施损害社会公共利益行为的公民、法人或者其他组织所引发的损害赔偿请求或是具有名誉道义上的赔礼道歉请求，又要解决负有监督管理职责的行政机关违法行使职权或者不作为致使国家和社会公共利益受到侵害的争议。[③]在检察机关通过刑附民公益诉讼向被告人主张损害赔偿的同时，应积极挖掘行政公益诉讼线索，若能认定行政机关存在违法履职或者怠于履职的情形，通过提起行政公益诉讼，要求行政机关在一定期限内履行法定职责或者确认行政行为违法，既可以督促行政机关积极履责，也可以从被告人处获取赔偿，实现社会利益的最大化。

5. 规范刑附民公益诉讼的启动标准。检察机关启动刑附民公益诉讼的标准应是被告人是否实施了破坏生态环境和资源保护、食品药品安全领域侵害众多消费者合法权益等损失社会公共利益的犯罪行为，而不应是被告人是否具有履行能力。把当事人的履行能力作为启动刑附民公益诉讼的标准，无疑会使人们对法律的敬畏感淡漠，容易产生"破

① 夏黎阳、符尔加：《公益性刑事附带民事诉讼制度研究》，载《人民检察》2013 年第 16 期。
② 李兴宇：《论环境民事公益诉讼中的"赔偿损失"》，载《政治与法律》2016 年第 10 期。
③ 宋京霖：《行政公益附带民事公益诉讼的理论基础》，载《中国检察官》2017 年第 9 期。

窗效应”。此外,这也给司法腐败提供了可操作的空间。因此,在制度设立初期,检察机关应严格执法,对在生态环境和资源保护、食品药品安全领域的刑事案件中,只要被告人侵害了社会公共利益,检察机关应一并提起附带民事诉讼;同时加强对法院执行活动的监督,尊重司法规律,确保刑附民公益诉讼制度健康有序发展。

调查报告

江苏检察机关检务公开年度报告(2017)

陈兴生　徐红喜*

构建开放、动态、透明、便民的阳光司法机制,推进检务公开,是党中央的重要决策部署,也是人民群众的热切期待。江苏省人民检察院(以下简称省检察院)党组把深化检务公开作为提升司法公信力的重要途径,2017 年在全国率先建立全省检察门户网站集群,制定出台《江苏检察机关检务公开评价指标(试行)》,并以此为抓手,推动全省检察机关加大检务公开力度、创新公开方式、提升公开效果,构建了检察门户网站、微信、微博、今日头条号等多渠道公开平台,粉丝量达 11 万,实现了各类检察信息公开的多样化、常态化、实时化。

一、率先建立检务公开评价指标

2017 年 7 月,省检察院在全国率先制定出台了《江苏检察机关检务公开评价指标(试行)》。在指标设置上,共分司法办案、检察服务、司法管理、综合信息 4 个一级指标和 21 个二级指标。在评价内容上,重点在于法律文书公开、重要案件信息发布、典型案例发布、类案数据公开、新闻发布等司法办案活动的公开。

---

* 陈兴生,江苏省人民检察院新闻办公室主任;徐红喜,江苏省人民检察院新闻办公室副主任。

江苏检察机关检务公开评价指标(试行)

一级指标	二级指标	指标内容
司法办案	法律文书公开	检察环节终结性法律文书依法全面公开,探索建立以案件为主体,对起诉、审判等环节的法律文书,通过建立链接的方式,全面、完整进行公开。
	重要案件信息发布	职务犯罪“八项公开”制度全面落实,职务犯罪案件及社会关注度高的普通刑事案件的批捕、起诉等案件阶段性进展性信息依法及时公开。
	典型案例发布	对办理的法律效果、社会效果较好的典型案件进行深入剖析,及时公开宣传报道,发挥释法说理、案件宣传、警示教育作用。
	类案数据公开	结合案管统计分析,及时公开一段时期常发多发的类案数据。
	新闻发布	新闻发言人和定期新闻发布、政策解读制度落实。
	刑事申诉公开审查	符合条件的刑事申诉案件,及时公开申诉事由、审查处理意见和第三方参与听证等情况。
	接受代表委员监督	主动公开人大代表、政协委员视察、参与公开听证等情况,公开社会各界参与检察开放日、开放月活动等情况。
检察服务	案件程序性信息推送	主动向律师和当事人家属等推送案件办理进展信息。
	办案办事流程	各部门办案办事操作流程明确具体,各诉讼环节的正常办理程序等事项细化,集中公开,便于群众查询。
	检务须知	检务须知内容编写全面,采用常见问题问答等形式作出检察指引、办事指南。
	网上咨询答复	网上互动功能完善,答复网上咨询及时、有效。
司法管理	重要制度规范公开	非涉密的检察工作意见、队伍管理、规范司法、检纪检规等重要制度规范及时主动公开。
	先进典型宣传	及时公开检察人员表彰奖励情况,深入挖掘、宣传强化监督、司法为民的先进人物和业务骨干。
	查处自身违纪违法情况公开	对发生的检察人员违纪违法案件查处结果,及时主动向社会公开。
	预决算执行情况公开	每年度检察工作财政预算、决算执行情况及时主动向社会公开。
	“三公经费”使用情况公开	年中、年底主动公开“三公经费”使用及同比情况。
综合信息	机构设置	现有内设机构及其各自工作职责明确具体。
	人员信息	院领导信息、各部门负责人及正式在编检察人员姓名全部公开,各业务部门入额检察官身份全部公开,各部门对外联系电话公开。
	重要工作报告	每年度向人代会工作报告,以及向人大常委会的专题工作报告,实时向社会发布。

续表

一级指标	二级指标	指标内容
综合信息	执行人大决议	及时公开人代会、人大常委会关于检察工作的审议意见，以及检察机关落实审议意见具体情况。
	人大代表评议	主动公开每年度人代会关于检察工作的投票表决情况，以及人大代表、政协委员提案、议案、建议办理情况。

江苏检察门户网站集群是全省检察机关推进检务公开的主渠道，目前已发布各类检察信息 12.2 万余条。为此，省检察院主要依托江苏检察门户网站集群，对 13 个设区市检察院检务公开工作进行测评。各设区市检察院应用评价指标，对所属基层院检务公开工作开展测评。2017 年 12 月 15 日，省检察院组织对各设区市检察院检务公开情况进行集中统一测评。测评结果显示，省检察院检务公开评价指标在各地得到了较好落实，4 个一级指标、21 个二级指标在绝大多数地区已经公开到位，总体上无明显的缺漏项目。各设区市检察院测评得分均在 90 分以上，其中连云港、南通、盐城、泰州、常州、镇江等市检察院的测评得分都在 97 分以上。

二、主要特点

（一）司法办案活动公开日益深化

1. 法律文书公开已成为常态。2017 年 1—12 月，全省各级检察院依法公开起诉书、不起诉决定书等检察环节终结性法律文书 72000 余件。其中，苏州市检察机关依法公开

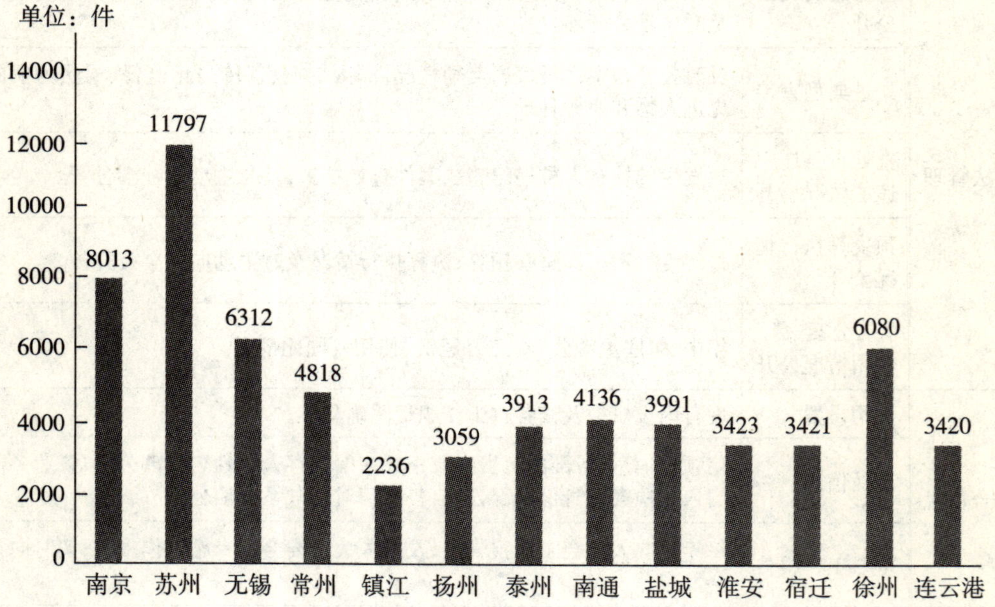

各市检察机关法律文书公开情况

法律文书11000余份。常州市人民检察院在省检察院规定的基础上,新增了不立案决定书、刑事申诉复查决定书、不支持监督申请决定书、相对不起诉决定书等8种法律文书,基本上涵盖了检察环节所作的各类终结性处理决定的法律文书。

2. 重要案件信息公开范围进一步拓展。各地在依法开展职务犯罪案件信息"八项公开"的基础上,及时主动公开重大、敏感刑事案件、公益诉讼案件等相关案件信息,回应社会关切。2017年,全省检察机关共公开职务犯罪案件信息2010条,其中县处级以上干部要案信息156条;公开社会关注度高的其他重要案件信息2704条。如南京铁路运输检察院依法批捕南京南站公开猥亵女童案犯罪嫌疑人后,及时公开相关信息,得到新华社、人民网等中央媒体关注转发。泰州地下埋毒案、南京交警被碾压致死案、苏州市吴江区人民检察院提起全省首例行政公益诉讼案等案件信息的及时发布,彰显了检察机关在惩治犯罪、保护公益方面的职能作用,取得了良好效果。

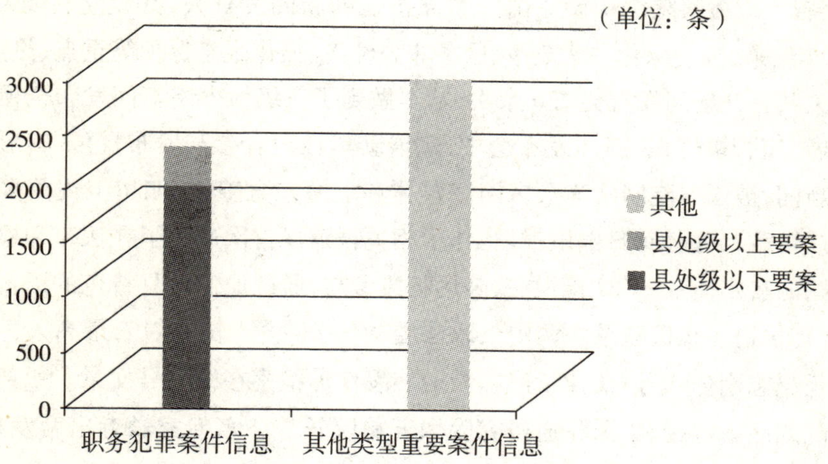

3. 在全国率先开展法律文书链接式公开。省检察院在推进检务公开中,鼓励、引导各地积极探索建立以案件为主体,对公、检、法等环节的法律文书,实行链接式全面、完整公开。其中,苏州市人民检察院和连云港灌南县人民检察院立足实际先行先试,在全国率先实现了对部分案件的法律文书进行链接式公开,在检察门户网站上,将公安机关移送审查起诉书、检察机关起诉书、法院生效判决书(以下简称"三书"),实现一键同步公开,接受群众通过"三书"对比实行的监督。

4. 推进类案数据公开。省检察院实行主要司法办案数据季度公开制度后,各市院积极跟进,均及时在检察门户网站公开了2017年前三季度或1—10月的刑事、民行、执检、控申等主要办案数据,回应社会关切。泰州、连云港、镇江、宿迁、南京、常州、南通等市院等地结合办案数据,认真分析一段时期毒品犯罪、非法集资类犯罪、未成年人犯罪等发案特点及原因,提出防范对策,40余篇分析报告公开后,得到相关部门和社会公众的关注。

5. 刑事申诉公开审查积极推进。以往各级检察院刑事申诉案件办理情况鲜有公开,

2017 年以来，13 个设区市检察院均加大刑事申诉案件公开审查、公开答复工作力度，各地已对 16 件刑事申诉案件审查办理情况予以公开。泰州、无锡、扬州、宿迁、淮安、徐州等市检察院在门户网站设立专栏，及时公开相关刑事申诉案件第三方参与听证、审查、答复等情况。如 2017 年 7 月，南通市人民检察院对一起刑事申诉案件进行公开审查听证，部分全国人大代表、专家学者以及最高人民检察院和全国各地检察人员 50 余人到现场进行观摩。检察机关及时对审查听证情况进行公开，申诉人表示："这次听证会，对我们申诉人给予了充分的尊重，让我们能够充分阐述申诉理由，使我们申诉人切实体会到申诉权是有保障的。"

（二）检察新闻发布常态化、制度化

1. 多渠道新闻发布，主动发声。各地较好落实省检察院相关规定，常态化开展新闻发布工作。2017 年年初，省检察院对外集中公布了全省各级检察院新闻发言人名单和办公电话，全省三级检察院全部设立由院领导担任的新闻发言人，共设立新闻发言人 130 人。2017 年以来，围绕深化司法改革、服务非公经济、强化生态保护等重点、热点问题，全省检察机关共召开新闻发布会 230 余次，基本做到了三级检察院新闻发布全覆盖。省检察院在开展"案管机器人"新闻发布会中，邀请新华社记者参与发布宣传，其形成的新闻稿及视频新闻，被国务院网站等众多网络媒体和上海东方卫视、四川卫视等多个省级卫视频道转播转载，英国《每日电讯报》也作了相关报道。首次邀请了在法律和检察实务界有较大影响的自媒体——CU 检说法、陈述经典参与，通过他们各具特色的语言和表述方式，进行宣传报道。积极联系协调中央政法委微信公众号"长安剑"、最高人民检察院信息中心主任赵志刚公众号"法律读库"，及时转发江苏检察在线公号文章。邀请中国人民大学法学院刘品新教授、中国联通研究院张云勇院长等 7 名专家学者出席发布会，通过法学、信息技术领域专家学者的权威点评，社会各界对"案管机器人"有了更加客观、可信的印象和评价。泰州市人民检察院和南京市人民检察院注重发挥市院引领带动作用，均召开新闻发布会 5 次，推动各基层院及时规范开展新闻发布工作。苏州市两级检察院围绕环境资源保护、护航未成年人成长、智慧检务等主题，共召开新闻发布会 30 次，其中苏州市人民检察院发布 4 次，邀请《新华日报》、新华网、《中国青年报》等中央和省级媒体参与，拓宽人民群众了解检察工作渠道。扬州、泰州等地在做好现场新闻发布工作的同时，积极探索开展网上专题新闻发布，提升发布工作质效。

2. 加强典型案例发布。全省各级检察院在日常新闻发布工作中，均注重选择部分典型案例进行发布，结合案例强化法治宣传教育。2017 年年底前，省检察院组织开展保障民生典型案例评选活动，选择 30 个重大、典型案例，在江苏检察网和江苏检察在线微信公众号进行轮番展示。各地结合省检察院开展的评选活动，及时公开打击非法集资、危害食品药品安全、强化生态环境保护等方面的典型案例 100 余件，聚焦相关案件事实、证据及法律适用等，强化释法说理，通过公开促进以案释法。

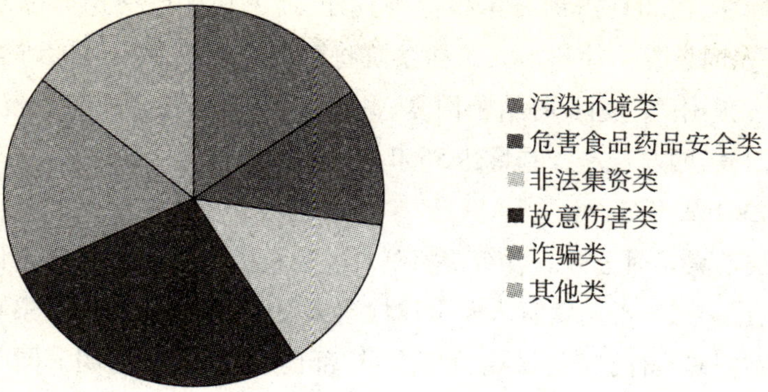

各地发布典型案例类型分布

3. 开展检察政策解读。各地对非涉密的检察工作意见、队伍管理、规范司法、检纪检规等重要制度规范,及时在检察门户网站予以公开,方便人民群众了解、监督检察工作。省检察院对制定出台的保障创新发展意见和检察官退出机制、绩效考核、司法档案等制度,在及时公开文件全文的同时,在江苏检察网和江苏检察在线微信公众号,连续4期刊文,主动做好相关文件精神的解读工作,回应社会公众对检察机关服务改革创新和司法改革相关问题的关切,为此《人民日报》还作了相关报道。

(三)注重在公开中更好地服务群众

1. 主动推送案件程序性信息。各地围绕群众关心关注的案件办理进展信息,加大检务公开力度,通过微信、QQ、短信、案件信息公开网等多种形式,向当事人近亲属、辩护律师、受害人等群体,主动推送案件批捕、退回补充侦查、审查起诉等案件程序性信息7万余条,保障群众的知情权、监督权。扬州、宿迁、徐州等地检察机关探索研发案件信息智能推送软件,同步向刑事案件辩护律师自动推送案件节点信息,保障律师执业权利。2017年下半年,省检察院研发的案管大数据平台,对全省各级院办理的刑事案件程序性信息,实现全部自动推送。针对人民群众关于民事行政案件信息公开的迫切需求,省检察院建立"3+2"模式,推动民行检察信息公开。"3"即对全省民行条线重要工作、办案情况分析、个案办理等三方面的信息予以重点公开,"2"即除传统的发送文书、普通平面媒体之外,通过网络及短信平台两种新的方式对上述信息予以公开。

2. 办案办事流程一图讲清。各地在检察门户网站设立检务指南专栏,对侦监、公诉、控申等10个业务部门的办案流程,围绕受理、办理、流转等各个节点、各诉讼环节的正常办理程序等事项,专门画出运行流程示意图,方便群众办事,少走冤枉路。同时,围绕案件信息查询、控告、申诉等常见事项,以及盗窃、酒驾、故意伤害等常见类型案件,采用问答等形式,作出检察指引、办事指南,尽可能通过检务公开,提升服务群众工作水平。

3. 及时与网民交流互动。各地注重网民意见的收集、整理与反馈,在检察门户网站设立网友留言互动专栏,及时做好网上咨询答复工作。如扬州市人民检察院针对网友提出的酒驾醉驾标准、散布地震谣言承担何种责任、江苏地区盗窃构罪标准等 10 多个问题,在网上给予及时答复。徐州市人民检察院将咨询与答复专栏链接到本地的 BBS“徐州论坛”,对网友提出的问题及时给予回复。一条网友提出的企业会计侵占下岗职工安置费的问题及回复,网友点击查看量达 5600 多人次。

(四)全面公开从严治检信息

1. 机构人员信息及时公开。各级检察院对检察机关内设机构及其工作职责、检察机关领导班子成员及分工、部门负责人及全体检察人员、业务部门员额检察官等信息,全部在检察门户网站明确具体公开,做到检察人员、部门、职责公开透明。同时,及时公开检察人员奖惩情况,对各级检察院产生的业务标兵、敬业模范等各类先进典型,通过检察官办案故事、检察官风采等栏目,加大公开宣传力度,展现检察官良好形象。对发生的自身违纪违法案件,相关地区也主动公开查处结果,体现检察机关全面从严治检的决心和行动。

2. 主动晒出“三公经费”。各地勇于亮“家底”,对 2017 年度检察工作财政预算、2016 年度决算执行情况,主动向社会公开,接受社会监督。同时,围绕人民群众关注的“三公经费”问题,主动公开 2017 年上半年“三公经费”使用及与去年同比情况,用看得见的下降数据反映检察机关反“四风”的成效。如南京市人民检察院 2017 年上半年公务接待费用为 1.42 万元,与去年同比下降 89.8%;盐城市人民检察院 2017 年上半年“三公经费”支出共计 133.8 万元,与去年同比下降 63%。

3. 自觉公开人大代表监督、评议检察工作情况。各地在深化检务公开中,注重加强与人大代表的沟通联络,主动公开人大代表视察检察工作、旁听庭审、参与公开听证等情况。同时,对各级检察院每年度向人代会的工作报告,以及向人大常委会的专题报告,人代会、人大常委会关于检察工作的审议意见,以及检察机关落实审议意见情况等,均在检察门户网站予以公开。连云港、盐城、镇江、淮安、常州、南通、苏州等地检察机关,及时公开人大代表、政协委员提案、议案、建议的办理情况,体现了依法主动公开、自觉接受监督的积极姿态。2017 年,省检察院认真配合做好省人大代表、政协委员视察调研,及时汇报基层一线检察机关检察信息化建设、推进司法责任制改革、认罪认罚从宽改革试点等情况,接受代表委员监督。对省十二届人大四次会议代表提出的 5 件主办、分办、会办意见建议的办理情况,省检察院专门向省人大常委会作了汇报,并及时在江苏检察网予以公开。

三、不足与展望

尽管全省检务公开工作取得了长足发展进步,但工作中仍存在一些不足之处,主要体现在:一是法律文书链接式公开尚处于探索起步阶段,技术上还不够成熟完善,只在个别地区、部分案件实现了链接式公开。二是网上互动交流功能有待完善,江苏检察门户网站集群现有的网友留言栏目,尚不能实现网友留言、后台答复的实时更新互动。三是部分地区在制度规范、政策解读上落实不到位。有的对出台的制度规范,片面注重宣传报道式公开,没有及时公开相关文件原文,影响公开效果。四是少数地区理念上还有偏差,不敢公开、不愿公开的意识还没有完全根除,职务犯罪要案信息、查处自身违纪违法信息等,在有的地方还没有能够全面主动公开到位。

融入新时代,立足新起点,省检察院将适应国家监察体制改革试点的新形势,对检务公开评价指标进行修改完善,加强目标引领,强化工作指导,引导全省检察机关围绕担当新时代检察新使命、树立检察新形象、展现检察新作为,进一步深化检务公开、提升公开效果。尤其是在深化链接式公开、规范典型案例发布、常态化新闻发布、优化便民利民功能等方面,加大公开力度、创新宣传方式,及时讲好检察故事、传播检察好声音,努力让人民群众方便看、喜欢看、看得懂、评价好。

“食药环”领域刑事犯罪实证调研报告

江苏省盐城市人民检察院课题组*

摘要：食品、药品和环境资源（以下简称“食药环”）安全是基本的民生问题，也是重要的公共安全和政治问题。依法打击“食药环”违法犯罪、维护公共安全是检察机关应尽的职责。笔者对近三年江苏省盐城市检察机关办理的“食药环”案件进行实证分析研判，剖析此类案件的基本情况、特点及案件办理中存在的主要问题，进而提出相应的治理建议，以期对案件办理提供参考。

关键词：“食药环”犯罪　实证分析　治理建议

一、“食药环”刑事犯罪基本情况

2015 年 1 月至 2017 年 12 月，江苏省盐城市检察机关受理审查逮捕“食药环”案件 54 件 112 人，批准逮捕 47 件 79 人，不批准逮捕 19 件 49 人（其中事实不清不捕 27 人，无社会危险性不捕 22 人）；受理审查起诉“食药环”案件 405 件 891 人，提起公诉 353 件 751 人，不起诉 6 件 11 人（其中法定不诉 1 件 2 人，存疑不诉 5 件 9 人）。

表 1　2015 年 1 月至 2017 年 12 月“食药环”案件办理数据统计表

诉讼程序＼案件类别	食品案件		药品案件		环境资源案件		相关案件		总计	
	件	人	件	人	件	人	件	人	件	人
受理审查逮捕	10	21	20	28	24	63			54	112
批捕	8	10	16	22	23	47			47	79
不捕	2	6	5	7	12	36			19	49

* 课题组负责人：姚图，江苏省盐城市人民检察院党组成员、副检察长；课题组成员：孟庆松，江苏省盐城市人民检察院法律政策研究室主任；孙平，江苏省盐城市亭湖区人民检察院检委会专职委员；师吉娟，江苏省盐城市人民检察院检察官助理；黄慧，江苏省盐城市亭湖区人民检察院检察官助理；朱贞，江苏省盐城市建湖县人民检察院书记员。

续表

案件类别 / 诉讼程序	食品案件		药品案件		环境资源案件		相关案件		总计	
	件	人	件	人	件	人	件	人	件	人
受理审查起诉	62	125	33	134	309	630	1	2	405	891
提起公诉	41	73	32	119	279	557	1	2	353	751
不诉	4	6	1	1	1	4			6	11
判决	33	49	19	65	178	354	1	2	231	470

(一)案件数量整体呈逐年上升趋势

"食药环"犯罪案件一直处于多发状态,增量明显。盐城市检察机关2015年对"食药环"案件提起公诉68件159人;2016年提起公诉129件245人,比2015年同比件数、人数分别增长了89.7%、54.1%;2017年提起公诉156件347人,比2016年同比件数、人数分别增长了20.9%、41.6%,案件数量呈逐年上升态势。

表2 2015年1月至2017年12月"食药环"案件提起公诉数据统计表

类别 / 年份	食品案件		药品案件		环境资源案件		相关案件		总计	
	件	人	件	人	件	人	件	人	件	人
2015年	11	26	10	43	46	88	1	2	68	159
2016年	22	30	10	31	97	184			129	245
2017年	8	17	12	45	136	285			156	347
总计	41	73	32	119	279	557	1	2	353	751

(二)环境资源类案件数量占比较大

近三年环境资源类案件共提起公诉279件557人,占"食药环"案件提起公诉数量和

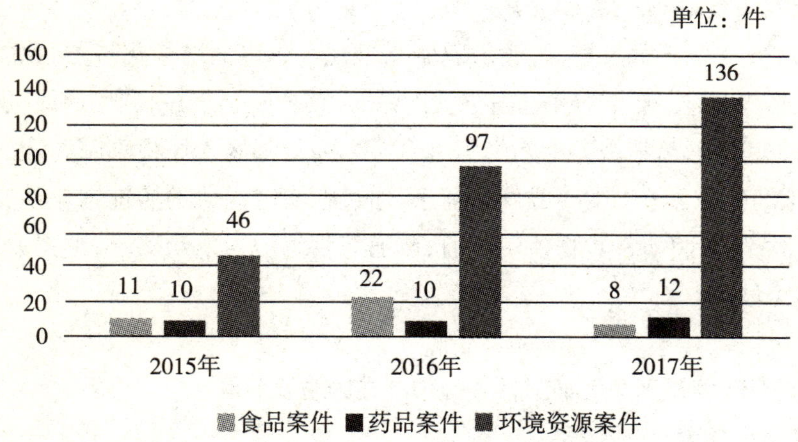

图1 2015年至2017年"食药环"案件提起公诉案件数量对比图

人数的 79.0%、74.2%。2015 年提起公诉 46 件 88 人,占当年“食药环”案件提起公诉数量和人数的 67.6%、55.3%;2016 年提起公诉 97 件 184 人,占当年“食药环”案件提起公诉数量和人数的 75.2%、75.1%;2017 年提起公诉 136 件 285 人,占当年“食药环”案件提起公诉数量和人数的 87.2%、82.1%。

（三）案件罪名和领域比较集中

危害食品安全类犯罪主要涉及罪名为生产、销售不符合安全标准的食品罪,生产、销售有毒、有害食品罪等,多发于熟食制销领域,如在包子中添加含铝泡打粉、以工业用盐冒充食盐等,尤其以非法添加工业盐现象突出。危害药品安全类犯罪主要涉及罪名为生产、销售假药罪,生产、销售劣药罪,生产、销售伪劣产品罪,销售假冒注册商标的商品罪,生产、销售伪劣农药、兽药、化肥、种子罪等。危害环境资源犯罪主要涉及罪名为污染环境罪,非法捕捞水产品罪,非法猎捕、杀害珍贵、濒危野生动物罪等,涉案的污染源主要是工业垃圾,工业垃圾多为加工产生的工业废弃电路线板等固体废物有毒、危险废液和含金属污染物,且水体成污染环境的重要犯罪对象,表现为单位或者经营业主未按照环保要求处理加工过程中产生的含有严重超标的重金属的废水,直接向污水、雨水管网、外环境排放,或者采用暗管、利用渗坑等方式排放。

（四）犯罪诱因多为利益驱使

此类犯罪涉案人员有的通过购买低价的食药原材料,添加国家明令禁止的甚至是有毒有害的非食品原材料而压缩成本;有的为了获得利润制售假药;还有的以污染和破坏环境为代价降低生产成本,以此追求回报收益。如建湖县人民检察院办理的朱某某等八人生产、销售不符合安全标准的食品案,朱某某、史某某、贾某某等八人,在其个体经营的早点店、小吃部、熟食店、包子铺制作包子时,为尽量压缩经营成本,超范围滥用国家明确禁止的含铝食品添加剂,其制作销售的包子经检验铝含量严重超标,不符合国家安全标准,足以造成严重食物中毒事故或者其他食源性疾病。

（五）犯罪手段趋向网络化

随着电子商务平台的发展,各领域犯罪均呈现了一定的网络化特点,尤以药品领域犯罪网络化趋势明显。犯罪分子通过建立网站、微信群吸引客户,利用网络进行宣传,大肆进行假药、劣药销售,消费者上当受骗者众多。如盐都区人民检察院办理的李某某销售假药案,该案犯罪分子以 QQ 群发布消息,通过在淘宝注册的店铺销售或支付宝和银行卡直接汇款销售,将所订货物使用中通、申通等物流公司发给买家,涉案人员众多,遍及全国十多个城市。

二、“食药环”领域刑事犯罪案件办理中存在的主要问题

（一）案件发现方面的问题

一是由于犯罪行为本身存在天然的隐蔽性。此类犯罪主要集中在家庭小作坊和小

型私营业主,经营模式偏向"低、小、散",生产场所和犯罪手段较为隐蔽,犯罪行为难以被及时发现。如在沈某生产、销售有毒、有害食品案中,其从2013年开始使用熬制后的松香对生鹅进行脱毛加工,再将光鹅销售至多家饭店及菜市场零售,直至2015年5月才被执法机关查获。

二是网络、电子支付、快递物流等快速发展增加了对犯罪行为的发现难度。犯罪嫌疑人通过电话、网络销售,利用银行汇款进行资金交易,以快递寄送,犯罪行为更加难以被察觉。如在毛某某等人生产、销售假药案中,毛某某伙同妻子和女儿,利用电话联系业务,购买车库、机器设备,租赁房屋作为客服电话接听地和假药储藏、包装、打封、快递包裹包装地,通过快递、邮递将伪造的药物销售给其他犯罪嫌疑人,再通过网络、面对面交易等形式销售给多名受害者。

三是行政执法和刑事司法衔接不畅,导致案源相对较少。司法实践中,"食药环"犯罪案件线索的主要来源是群众举报和自行摸排发现,作为履行"食药环"行业事前审批、事中管理、事后处罚职能的行政执法机关移送案件数量相对较少,对"两法衔接"平台重视程度不够,案件信息录入不及时、不全面,制约了司法机关充分履行职能。如2017年盐城检察机关共建议行政执法机关移送"食药环"领域犯罪案件线索37件,最终公安机关立案侦查27件。

(二)证据收集方面的问题

1. 取证难度大。一是食品药品领域犯罪呈现出产销分离、上下线及受害人分布广、数额认定方式复杂等诸多特点。购买人相互之间无任何关系,有些因无法确认真实身份而难以查证。如在毛某某等人销售假药案中,毛某某将假药卖给诸多下线,下线们再通过网络、实体店等卖给受害人,有的受害人无法查找,有的不愿意配合调查,导致相关事实难以查证。二是环境污染犯罪案件中犯罪嫌疑人多将污染源埋藏在废弃池塘、河边等不易发觉的地方,发现往往存在一定的滞后性,现场发现、查获的较少,导致执法部门难以在第一时间提取污染物的样本。对于固体污染案件,往往数量较多,须采用取样的方式确定污染物,而废弃物体积庞大,且分布不均匀,取样科学性难以保障。在水污染案件中,行为人通过持续性多点排放的方式将污染物直接排入水流,因水源的流动性,取证时难以对污染行为予以还原和固定。如在张某某等人倾倒化工废水案中,张某某等人先后多次倾倒化工废水,但由于排污持续时间长、次数多、地点散,最终仅能以案发当场查获废水数量认定。

2. 鉴定检测难。一方面受鉴定对象制约。"食药环"犯罪案件涉及的鉴定物有相当部分易腐烂、易调换,环境犯罪案件特别是水源污染案件的鉴定对象容易流失,需要及时抽样检测。另一方面受鉴定标准制约。现有的"食药环"安全国家标准相对较少,且近30%的标准制定于10年前,有的已经20年没有修改过。而新推出的标准多是推荐性标准,法律强制力不够。如食品犯罪案件中对工业盐的鉴定,亚硝酸盐是否属于严重超出标准限量等标准不明确，非法添加的工业盐是否足以造成严重食物中毒事故或者其他严重食源性疾病的证明标准难以把握，因此很难得出明确结论。

（三）案件侦办方面的问题

“食药环”刑事犯罪涉及多个行业、多个领域，办案的专业性要求较高，当前专业化办案队伍对取证的方向、证据的收集固定等把握不够清晰，审查证据、引导侦查的能力还有所不足。特别是在环境污染案件的办理中，办案人员往往因为缺乏环保专业知识，对鉴定意见不进行实体审查、分析，导致无法合理解释案件办理过程中发现的矛盾之处。如在王某、乔某污染环境案中，犯罪嫌疑人存放污染物的原桶中未检出有毒物质，排污河流中的 4 个取样点仅 1 个检出有毒物质，无法认定该取样点的有毒物质系犯罪嫌疑人排放，且侦查机关未进行实体审查，却仍将该检测结果作为鉴定意见移送审查起诉。

（四）违法责任追究方面的问题

1. 存在“以罚代刑”现象。“食药环”领域案件办理涉及食品药品监督、卫生、工商、环境保护、质量监督等多个部门，各职能部门之间存在分工不清、信息交流不畅甚至推诿扯皮现象，还有一些单位或部门受自身利益驱动，往往“以罚代刑、降格处理”。还有个别行政监管部门和行政工作人员法律观念淡薄，对一些应移交司法机关的案件只做行政处罚，敷衍了事。

2. 污染案件追偿难。从盐城地区环境污染源案件来看，不少是从发达地区转运来的工业垃圾，涉案人员往往经济能力较差，没有足够能力实现环境污染修复，最终形成政府埋单的局面。

三、“食药环”领域刑事犯罪打防对策建议

（一）形成社会合力，加大打击力度

1. 常态开展专项打击行动。行政机关、司法机关共同开展“食药环”案件专项打击行动，实现行政机关第一时间发现案情，公安机关第一时间介入侦查取证，检察机关第一时间介入引导侦查，审判机关迅速审理判决的良性循环，提升司法机关与行政机关之间打击犯罪的合力与效率。同时，对有该类犯罪前科的人员和单位要从严惩处，形成强大震慑，必要时判决禁止其在一定期限内从事相关行业。

2. 加强社会治理风险研判。严格准入机制，规范市场行为，针对药品网络销售实行严格的实名登记制度，禁止无资质的企业和个人从事药品经营活动，净化药品生产和销售市场。加强社会风险研判，行政机关和司法机关常态化开展巡查检查，整合食品药品监督管理、质量监督、工商等有关行政部门现有信息，建立执法办案部门食品、药品、环境基础信息资源库，对小作坊、小餐饮、小企业实施严格的监管制度，加强“食药环”风险监测与评估，提前预警，防患于未然。

（二）完善鉴定制度，强化证据认定

1. 完善鉴定制度。规范检验鉴定程序，明确检测标准，规定对关键物质的提取要通过拍照、同步录音录像等进行记录，加强对样品的送样、保存，防止因外部环境影响特性变化。

2. 强化证据认定。推动建立统一的证据规格体系，对侦办"食药环"犯罪案件中普遍存在的边缘性犯罪标准及案件定性问题，公安、检察、法院、行政机关充分协商，达成统一认识，并以文件或联席会议纪要形式固定下来，解决意见分歧性问题。

3. 修改入罪标准。一是针对生产、销售伪劣产品罪，建议适当降低入罪门槛，建立犯罪数额、情节严重性等多元化的立案追诉标准，取消单纯以犯罪数额作为入罪门槛的设置。二是针对滥伐、盗伐林木罪，建议统一入罪标准。因为根据《最高人民法院关于审理破坏森林资源刑事案件具体应用法律若干问题的解释》第四条、第六条规定，两罪都是以数量大小作为衡量是否构成犯罪的主要标准，但都是以数量区间的形式规定，实践中对数值区间的入罪标准出现不一致的情形。

（三）完善工作模式，提升办案质效

1. 探索开展多元化办案模式。探索行政、民事、刑事多元化保护格局，重点探索开展公益诉讼调查，依托"两法衔接"平台，对"食药环"领域违法行为或事件，通过督促起诉、检察建议等手段，监督相关部门履行职责，维护社会公共利益。

2. 建立完善办案工作机制。对有影响的重大案件，检察机关要适时介入行政机关的案件调查和公安机关的侦查工作，围绕证据调取的完整性、侦查活动的合法性、案件定性以及证据规格等方面，引导调查、侦查取证，夯实证据基础，在源头保证办案质量。强化办案监督工作机制，加强环境保护、食品药品安全领域"两法衔接"工作专项督查，适时建立移送案件备案监督机制，认真办理不移送、不立案以及有关违法违纪的举报、投诉；主动走访工商、质检、税务、烟草、国土、林业等行政执法机关及公安机关，查阅执法案卷、台账，对有案未移的及时监督行政执法机关移送，对公安机关有案未立的要及时监督立案侦查，对存在以罚代刑、降格处理或应当进一步侦查而未侦查等违法情形的，及时纠正，充分发挥检察建议、立案监督、纠正违法行为的工作职能。

3. 积极推进队伍专业化建设。针对"食药环"安全犯罪存在的"种类多、知识广、更新快"特点，加强食品科学、药剂学、金融学方面的人才建设，强化培训实战，加深对专业知识、法律法规的掌握，提高执法办案、信息搜集、协调指导、规范执法等核心战斗力。检察机关应根据本地案发情况，建立相对固定的"食药环"案件专业办案小组，通过邀请行业专家作专题辅导、司法机关与行政执法机关互派人员挂职活动，提升检察人员办理"食药环"案件的能力和水平。

刑事案件办案组改革实施效果实证分析

张　立　羿飞虎　李　洁*

摘要：随着刑事犯罪案件的多样化、复杂化，当前检察机关按刑事诉讼程序设置办案部门，开展集中式办理的方式，与案件专业化、精细化办理需要不能完全匹配。在此背景下，江苏省连云港市灌南县人民检察院从优化案件分配和人员配备结构出发，建立刑事案件办案组，提高检察官司法办案专业性，在人均办案量增加的情况下缩短了办案时间，有效解决了案多人少的矛盾。

关键词：刑事案件办案组　办案数量　办案效率

一、刑事案件办案组改革内容

2017年6月，灌南县人民检察院出台《侦监、公诉案件繁简分流、分类办理改革实施方案（试行）》（以下简称《方案》），精细化办理各类刑事案件，实现了简单案件快速办理、复杂案件精细化办理，大大缩短了办案周期，提升了案件办理质效。

（一）成立四类专业化办案小组

通过对以往案件统计分析，灌南县人民检察院对所办理的案件按照未成年人犯罪、职务犯罪和破坏经济秩序类犯罪、常见较轻犯罪、重大刑事犯罪等主要分类标准进行分类，分别成立未检案件、轻罪案件、经济案件、重罪案件专业化办案组。未检案件办案组专门办理未成年人犯罪以及以未成年人为特定侵害对象的寻衅滋事案件，聚众斗殴案件和与未检案件有关联的窝藏、包庇等轻微刑事案件；轻罪案件办案组专门办理可能判处三年以下有期徒刑的盗窃，抢夺，交通肇事，危险驾驶，赌博，故意伤害（轻伤）案件和与轻罪案件有关联的掩饰、隐瞒犯罪所得，窝藏、包庇等轻微刑事案件；经济案件办案组专门办理国家工作人员职务犯罪案件，破坏社会主义市场经济秩序类案件，诈骗案件，职务侵

* 张立，江苏省连云港市灌南县人民检察院党组书记、检察长；羿飞虎，江苏省连云港市灌南县人民检察院检察官助理；李洁，江苏省连云港市灌南县人民检察院检察官助理。

占案件,挪用资金案件和与上述案件有关联的掩饰、隐瞒犯罪所得,窝藏、包庇等轻微刑事案件;重罪案件办案组主要办理故意杀人,故意伤害致人重伤或者死亡,强奸,抢劫,贩卖毒品,放火,爆炸,投放危险物质等重大刑事案件和不属于其他办案组办理的普通刑事案件。

(二)规范案件分流方式

分类办案以依法高效为基本原则,通过对案件的科学筛选及办案人员的合理调配,实现简单案件快速办理、复杂案件精细办理的目的。未成年人参与的多人共同犯罪案件,公安机关没有分案处理的,全案由未检办理。一人或多人犯数罪案件,以其涉嫌的主要罪名确定办案部门。案件分类由案管部门执行,案管部门对分案有疑问的,可征求办案部门的意见。办案部门不能确定的,报分管检察长决定。

(三)设置办案保障小组

在专业办案组之外,设置内勤组,负责案件接收、登记、统筹各办案组内勤等保障事宜,同时强化对案件的流程监督,由办案保障小组分担大量的行政性任务,如撰写信息、宣传、调研材料等,为检察官办案做好后勤保障。

(四)明确专业化办案组检察官全流程履行所有检察职能

打破部门主义界限,各办案组检察官根据案件分类,对案件实行全面审查,履行同一案件的批捕、补充侦查、公诉、公益诉讼、诉讼监督、立案监督等职能。把检察官从多而杂的案件类型中解放出来,专门性地办理类型案件,对类案进行深度研究,用法律知识对行业进行深度服务。

二、繁简分流后司法办案情况

(一)办案组办案情况

1. 未检案件办案组。自未检案件办案组成立以来,共计分配案件 35 件。其中,受理审查逮捕案件 10 件,已办 10 件,结案率 100%,平均办案天数 5.36 天;受理审查起诉案件 25 件,已办 20 件,结案率 80%,平均办案天数 24.15 天。

2. 轻罪案件办案组。自轻罪案件办案组成立以来,共计分配案件 102 件。其中,受理审查逮捕案件 20 件,已办 20 件,结案率 100%,平均办案天数 5 天;受理审查起诉案件 82 件,已办 78 件,结案率 95.12%,平均办案天数 16.65 天。

3. 经济案件办案组。自经济案件办案组成立以来,共计分配案件 32 件。其中,受理审查逮捕案件 6 件,已办 6 件,结案率 100%,平均办案天数 4.84 天;受理审查起诉案件 26 件,已办 14 件,结案率 53.85%,平均办案天数 26 天。

4. 重罪案件办案组。自重罪案件办案组成立以来,共计分配案件 88 件。其中,受理审查逮捕案件 36 件,已办 34 件,结案率 94.44%,平均办案天数 6 天;受理审查起诉案件 52 件,已办 41 件,结案率 78.85%,平均办案天数 24.12 天。

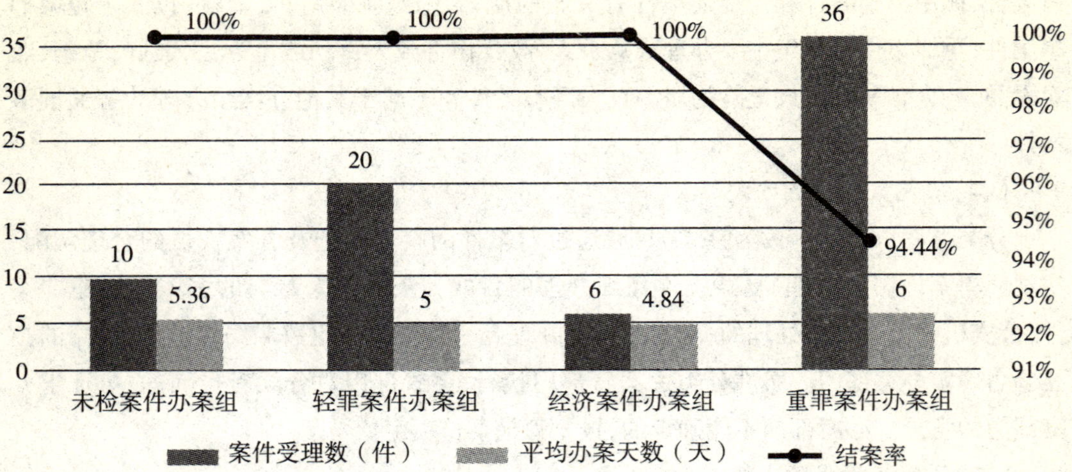

图 1 审查逮捕案件办理情况(2017 年 6 月 5 日—2017 年 10 月 20 日)

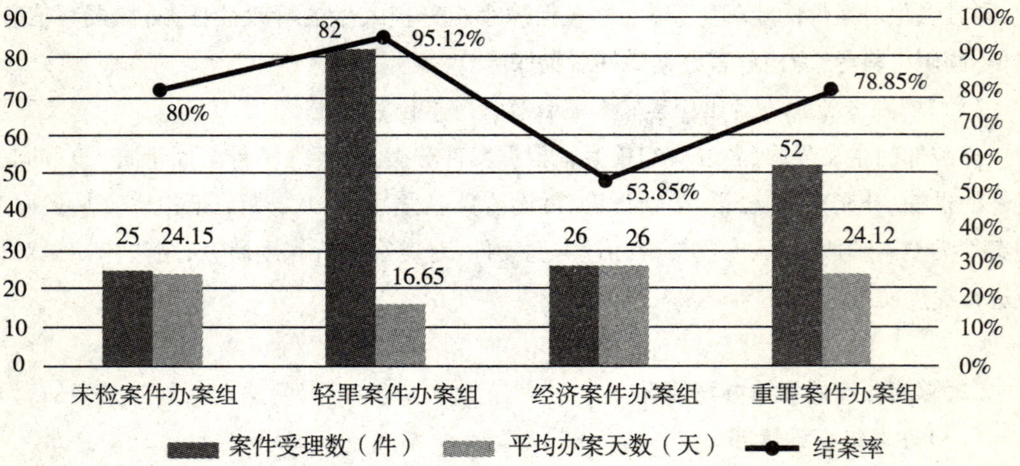

图 2 审查起诉案件办理情况(2017 年 6 月 5 日—2017 年 10 月 20 日)

(二)检察官个人办案情况

1. 检察官个人案件办理数量整体上升。自实行刑事案件办案组改革以来,各组检察官办案数量较去年同期整体呈上升态势。在涉及刑事案件办案组的 10 名检察官中,有 8 名检察官办案数量同比上升,占检察官总数的 80% 。

2. 平均办案天数下降。实行刑事案件办案组改革后,各组检察官在案件办理天数上有了明显下降。其中,办理审查逮捕案件检察官案件办理天数最高同比下降 25. 71% ,办理审查起诉案件检察官案件办理天数最高同比下降 58. 88%(在成立刑事案件办案组前,各部门检察官仅办理本部门案件,因此在办案天数的同比对比上,仅选择 2016 年、2017 年均办理审查逮捕案件或审查起诉案件的检察官)。

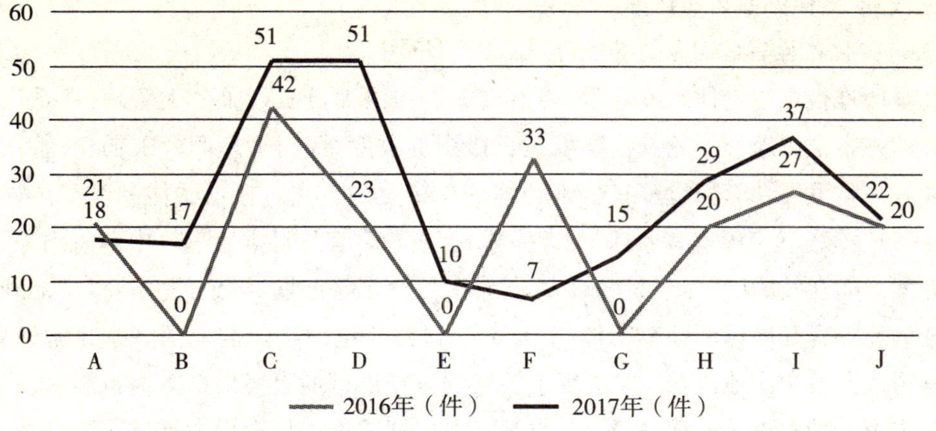

图 3　检察官个人办案数量情况（2017 年 6 月 5 日—2017 年 10 月 20 日）

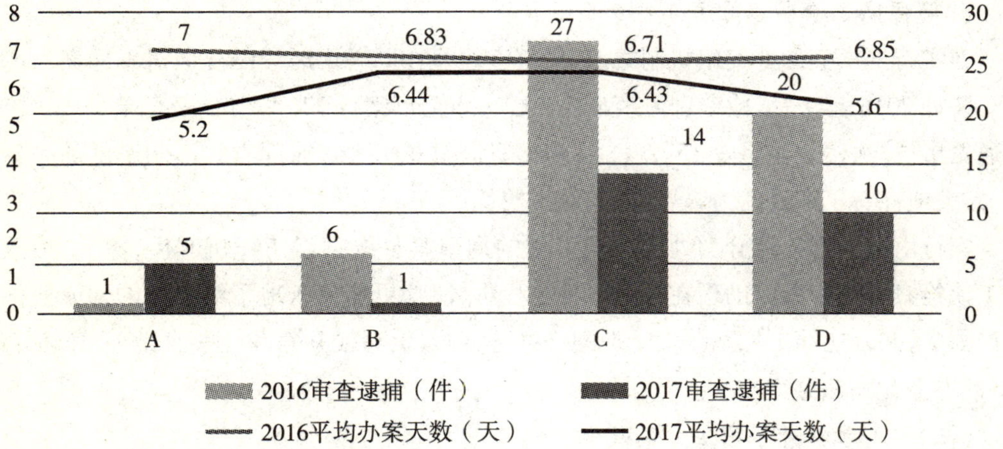

图 4　检察官个人审查逮捕案件办理变化情况（2017 年 6 月 5 日—2017 年 10 月 20 日）

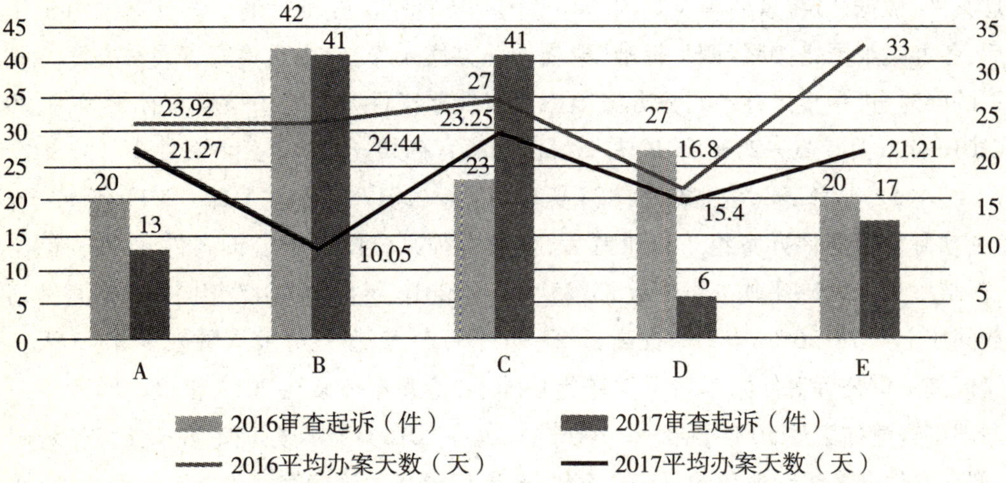

图 5　检察官个人审查起诉案件办理变化情况（2017 年 6 月 5 日—2017 年 10 月 20 日）

三、刑事案件办案组司法办案效果

(一)强化了检察官司法办案主体地位

在全面推行司法责任制改革后,检察机关对司法人员实行了分类管理,以重点突出检察官的办案主体地位。随着检察权运行机制的改变,部门管理职能被弱化,整体管理工作向扁平化发展;同时,检察官权责一体的要求更加突出。在司法体制改革全面推行之后,实行"检察官 + 检察官助理"的办案模式,将检察官从日常性事务中解脱出来,专注司法办案。但在实践中,由于案件量大、日常事务繁多等问题,导致部分检察官助理无法有效辅助检察官开展司法办案工作,甚至部分检察官也因工作需要而承担日常性事务,检察官司法办案主体地位在一定程度上被削弱。在推行刑事案件办案组机制后,日常性事务集中由内勤组负责处理,检察官、检察官助理能够更加集中精力开展司法办案工作,检察官司法办案主体地位得到进一步强化。

(二)提高了检察官司法办案专业化水平

在实行刑事案件办案组机制之前,检察官往往在同一个时段需要面对不同案由的案件。譬如 2016 年 9 月,检察官王某某共分配一审公诉案件 27 件,却涉及危险驾驶、盗窃、交通肇事、非法侵入住宅等 15 个案由,检察官需要花费大量时间查找不同案件的办理标准,极大地耗费了个人精力,导致办案效率较低。

实行由不同办案组分类处理不同案件的刑事案件办案组工作机制后,深入、细致的分工使检察官和检察官助理在办理案件过程中,能够更加深入地了解案件的构成要件和证据需求,并且能够更加熟练地掌握案件办理方式,提高检察官和检察官助理"术业有专攻"的专业化司法办案水平。

(三)进一步提升了司法办案效率

为解决办案期限过长、受案标准不严格等问题,灌南县人民检察院制定了办案期限、受理案件、证据认定、量刑建议等四个环节的基本标准。在推行刑事案件办案组工作机制后,各办案组严格按照"四个标准"开展司法办案工作,在提升检察官司法办案专业化水平的同时,进一步提升了司法办案效率。以轻罪案件办案组中检察官孙某为例:2016 年(2016 年 6 月 5 日—2016 年 10 月 20 日)检察官孙某分配一审公诉案件 23 件,审结 12 件,审结率 52.17%,平均办案天数 27 天;2017 年(2017 年 6 月 5 日—2017 年 10 月 20 日)在实际刑事案件办案组工作机制后,检察官孙某分配一审公诉案件 41 件,审结 39 件,审结率 95.12%,平均办案天数 23.25 天。与 2016 年相比,2017 年同期检察官孙某案件数同比上升 78.26%,审结率提高了 42.95 个百分点,平均办案天数减少 3.75 天。这还仅仅是一审公诉案件办理情况。在此基础上,检察官孙某在 2017 年该时间段内还另外办理审查逮捕案件 10 件,结案率 100%;而他在 2016 年同期办理审查逮捕案件数却为 0。刑事案件办案组专业化的分工办案机制,不仅提高了检察官司法办案的专业性,在此基础上还普遍提高了检察官的司法办案效率。司法办案专业化和司法办案效率的提高,是刑事案件办案组改革的显著成效。

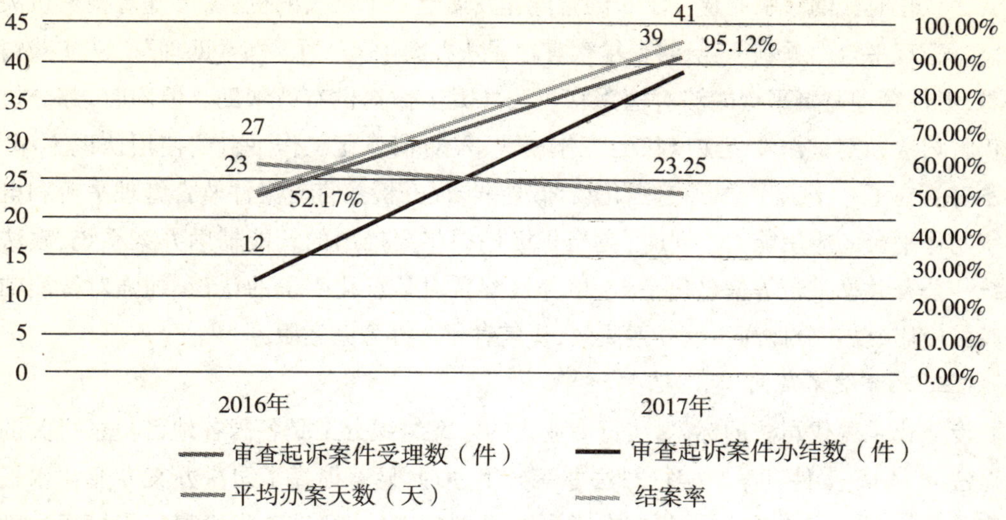

图6 检察官孙某办案情况对比

（四）进一步缓解了人均办案工作分配不均匀问题

由于部门业务的不同，不同业务部门之间的工作量存在一定的差异，而人员配置的不平衡则导致不同部门之间人均工作量的不均匀。刑事案件办案组成立前，侦监、公诉、刑事执行各部门依职权行使本部门职权，在人均工作量上，公诉部门相对来说高于侦监、刑执部门。在刑事案件办案组设立之后，侦监、公诉、刑事执行三部门的检察官和检察官助理共同办理相关案件，将审查逮捕、审查起诉等案件共同纳入统一的案件分配范围内，从根本上改善了人、案不均的问题。

四、刑事案件办案组存在的问题及完善路径

（一）组织形式问题

刑事案件办案组成立以来，在司法办案质效上取得了显著成绩，但仍然存在组织形式不完善、内部运作不协调等问题，需要改善。一方面，各办案组在分配、分工上仍存在一定的矛盾，对上级院各条线的对接和对内其他各部门的协调存在不畅，在事务性的处理上存在一定的滞后性；另一方面，由于办案组的检察官和检察官助理涉及三个部门，在事务上又存在一定的交叉，因此在办案组内部事务的协调上仍存在不协调之处。针对这一情况，由案管部门统一扎口对问题进行统计，并每月向院党组专题汇报情况，由院党组对刑事案件办案组的运转机制及时进行变更和调整，通过建立完善的内部运转机制，确保检察官、检察官助理、书记员有良好的分工和配合机制，以此保障检察官司法办案工作的顺利开展。

（二）办案信息化不足

信息化时代的来临对检务工作的智能化发展是一个巨大的机遇。[①] 随着检察机关案件监督管理平台的顺利上线运行，检察官在司法办案中又多了一个“助理”。从实践情况来看，案件管理监督平台能够对检察官司法办案工作提供有效帮助。但同时，部分检察官仍将司法办案工作停留在以往的工作模式下，对信息化工作平台的使用认识不深、使用不多。在下一步工作中，通过强化培训进一步提升检察官对案件监督管理平台和电子卷宗制作平台的应用能力。同时，应当积极把握将要推出的智能辅助办案系统、政法文书统一公开共享平台等信息化平台，培养检察官对信息化手段的认识，加强对智能辅助工具的应用，以充分提高司法办案质效，让信息化为办公办案服务。[②]

（三）均衡化不足问题

专业化是现代司法的标志，实行专业化的办案组织分工是各国各地区检察机关的普遍做法。[③] 刑事案件办案组实行司法办案分组办理，显著提高了司法办案专业化水平和办案效率。但不容忽视的是，长期办理同一类型的案件，容易造成检察官或检察官助理个人业务能力发展不均衡的情况出现。为全面提升检察官和检察官助理的个人业务能力素养，可以定期开展业务小课堂或轮岗、轮训制度，这不仅可以在办案能力上互相提升，可以使检察官和检察官助理能够站在不同的角度进行司法办案工作，开阔个人眼界，同时还可以加强与其他先进检察院的交流，派遣司法办案人员到先进地区挂职锻炼，达到信息交流、互帮互助的目的，从而进一步提升检察官和检察官助理的司法办案能力。

---

① 李霞：《大数据背景下的智慧检务之建构——以“检立方 C－139”大数据辅助决策平台为例》，载《渤海大学学报（哲学社会科学版）》2017 年第 4 期。

② 夏少君、赵卫平：《试论如何充分利用现代化信息技术努力提高检察机关办公、办案效率和应对突发案件的快速处理能力》，载《党史博采》2013 年第 9 期。

③ 万毅：《台湾地区检察制度》，中国检察出版社 2011 年版，第 43 页。

前沿探讨

司法责任制下检察人员的职责与责任划分实证研究

江苏省淮安市人民检察院课题组*

摘要:检察机关司法责任制改革是一项系统性的改革工程,其内容涵盖检察人员职责权限、责任认定、监督制约等多个要素,合理划分、科学配置检察人员职责权限和认定司法责任是实现改革目标的关键。目前,司法责任制改革已进入深水区,以改革进程中的检察实践为研究样本,发现问题,完善制度,对于巩固改革成效,突破改革藩篱具有积极意义。

关键词:检察　司法责任制　权力清单

司法责任制改革内容涵盖检察人员职责权限、责任认定、办案组织、监督制约机制等多个要素,而检察人员职责与责任的划分是检察机关司法责任制改革的重心和关键。笔者结合实践中存在的具体问题,运用比较分析、实证分析的方法展开论证,据此提出在司法责任制改革中合理划分检察人员的职责与责任的对策建议。

一、检察人员职责和责任划分的现状分析

目前,各地就职责权限内容尚未达到基本统一,笔者从三批试点省份中选取东、西、南、北、中七个省级检察机关,对侦查监督、公诉、民事行政检察等业务岗位存在差异的检察官权限配置开展对比研究。

---

* 课题组负责人:王新阳,江苏省淮安市人民检察院党组成员、副检察长。课题组成员:黄国梁,江苏省淮安市清江浦区人民检察院党组书记、检察长;刘松,江苏省淮安市人民检察院公诉处检察官助理;吕永祥,江苏省淮安市清江浦区人民检察院研究室主任;王园园,江苏省淮安市清江浦区人民检察院研究室副主任。

(一)侦查监督岗位职责权限对比分析

1. 关于审查逮捕决定权。在监察体制改革的大背景下,省级检察机关除办理省公安厅、安全厅移送案件外,也将对监察委移送案件进行审查,案件类型以重大、疑难、复杂案件为主。结合最高人民检察院于 2017 年 3 月 28 日制定的《关于完善检察官权力清单的指导意见》(以下简称《权力清单意见》)中规定的重大、疑难、复杂案件办案事项决定权可以由检察长(副检察长)或检察委员会行使的精神,笔者认为该项职权宜由检察长或检察委员会行使。

2. 关于排除非法证据及移送违法犯罪线索事项。笔者认为,因可能涉及诉讼监督行为及与其他执法司法机关的影响,其决定权宜由检察长(副检察长)或检察委员会行使。

3. 鉴于延长侦查羁押期限(以下简称"延押")案件采取层报审查的形式,下级检察机关报送时附有侦查机关延押意见和本院的审查意见,且《刑事诉讼法》第 154 条至第 157 条明确了延押案件情形,故该项职权可以授予检察官行使。

4. 关于重大案件介入引导取证权。笔者认为,考虑到检察机关介入侦查引导取证的案件类型以及引导取证的目标意义,该项职权宜由检察长或(检委会)行使。值得注意的是,江苏省相关规范性司法文件规定,检察机关认为有必要对案件提出意见的,经检察长批准,以书面形式通知公安机关并说明理由。可见,检察官介入重大案件前需经检察长批准,其本人无权决定直接介入。故江苏省权力清单中该项职权内容与办法规定存在不一致,有必要予以调整。

表 1 侦查监督岗位职责权限比较分析①

职责权限 / 地方	审查逮捕决定权	排除非法证据决定权	延长侦查羁押期限决定权	重大案件介入引导取证权	移送涉嫌违法犯罪线索
北京	限一般案件,无不捕权	有	限第一次、第二次	无	无
上海	无	—	限普通刑事案件	—	有
江苏	无	无	有	有	无
青海	限一般案件,无不捕权	有	有,限普通刑事案件以及自侦案件批准延押权	无	有
四川	无	—	有	无	无
吉林	限非重大、敏感案件	有	有,限批准权	无	有
湖南	限一般案件,无不捕权	无	有	有	无

① 表中"有"指检察官有权作出决定,"无"指检察官无权决定,"—"指未作出规定,下同。

（二）公诉岗位职责权限对比分析

1. 关于提起公诉和不起诉决定权。作为刑事公诉权的核心权能，我们认为应当在权力清单中明确提起公诉的权力主体。与此同时，不起诉决定权是法律赋予检察机关的职责和司法裁量权，具有终止刑事诉讼活动的效力，其也是刑事公诉权的基本组成部分。笔者认为，应充分考虑省级检察机关承办案件的重大、复杂、疑难程度等因素，明确该项职权由检察长或检察委员会行使。

2. 关于排除非法证据决定权。除上海未做规定外，北京、江苏、青海、吉林等地职权行使主体与侦查监督岗位保持一致。需要引起注意的是，湖南省人民检察院赋予公诉部门检察官排除非法证据决定权，而该职权在侦查监督部门则由检察长或检察委员会行使，同一职权不同部门行使主体不同，前后不一，不能自洽。为保持与不起诉决定权以及侦查监督岗位权力主体的一致性，该项职权宜由检察长或检察委员会行使。

3. 关于变更或支持下级院抗诉意见。笔者以为，江苏省设区市院、基层院权力清单中“决定提出抗诉、提请上级院抗诉”由检察长或检察委员会行使，若上级院公诉部门检察官有权变更抗诉理由，意味着对下级院检察长或检察委员会所作决定的部分或全部推翻，该职权配置和运行规则是否符合司法规律，是否存在上级检察官权力边界过大的问题，值得引起重视。

表2　公诉岗位职责权限比较分析

职责权限 / 地方	提起公诉或不起诉决定权	排除非法证据决定权	变更或支持下级院抗诉意见	变更或撤销强制措施决定权	改变管辖
北京	无	有	有权支持抗诉意见	—	无
上海	无	—	有权支持，变更需报检察长审核	无	有
江苏	无	无	有	无	无
青海	对一般案件提起公诉	有	无	无	有
四川	无	有	—	无	无
吉林	对非重大、敏感案件提起公诉	有	有权支持抗诉意见	无	无
湖南	—	有	—	无	无

（三）民事行政检察岗位职责权限对比分析

1. 关于提起公益诉讼决定权。《民事诉讼法》《行政诉讼法》的修改意味着自2017年

7 月起，检察机关提起公益诉讼制度的正式确立。根据职权法定原则，民行检察部门检察官权力清单中应当对公益诉讼的行使主体予以明确。在公益诉讼中，检察机关的身份是公共利益的代表，其目的是保护国家利益或者社会公共利益。笔者认为，基于公益诉讼保护利益的开放性以及其所具有的立案受理、证据收集难等特点，尤其是公益诉讼前必须要经过诉前程序，其决定权应归属于检察长或检察委员会。

2. 关于不支持监督申请和终结审查权。笔者认为，根据《权力清单意见》第 5 条规定，以人民检察院名义提出的不支持监督申请、终结审查的决定权，既可以由检察长（副检察长）或检察委员会行使，也可以委托检察官行使，故该七省规定均符合《权力清单意见》的精神。

3. 关于延长提请抗诉案件审查期限决定权。笔者认为，《检察机关执法工作基本规范》中规定了上级人民检察院应当在三个月内对下级人民检察院提请抗诉的案件审查终结，依法作出抗诉或不支持监督申请的决定，并明确需要延长审查期限的，由检察长批准。因此，北京等四省权力清单规定符合工作规范要求，而有的地方检察机关将该职权授予检察官行使，显然违反了职权法定原则。

表 3　民事行政检察岗位职责权限比较分析

职责权限 / 地方	决定提起公益诉讼	不支持监督申请	决定延长提请抗诉案件期限	决定中止审查	不符合受理条件的终结审查
北京	无	有，限一般案件	无	有	无
上海	—	无	无	无	无
江苏	无	无	—	有	有
青海	—	有，限一般案件	无	无	无
四川	—	有	无	有	有
吉林	无	有	—	有	—
湖南	无	有	有	有	有

关于检察官与检察长、检察委员会的权责划分。从规范层面来看，《关于完善人民检察院司法责任制的若干意见》（以下简称《司法责任制意见》）第六部分“严格司法责任认定和追究”构建了检察官、检察长或者检察委员会的司法责任体系，明确了责任追究原则。其中，独任检察官承办并作出决定的案件，由独任检察官承担责任；属于检察长（副检察长）或者检察委员会决定的事项，检察官对事实和证据负责，检察长（副检察长）或者检察委员会对决定事项负责。从实践层面来看，以选取的七省（市）级检察机关为例，北京、湖南、四川三省在明确检察官、检察长职责权限的同时，单独列明检察委员会决定事

项的内容，上海、江苏、青海则将检察长或者检察委员会合并规定，而吉林省检察机关未在权力清单中明确检察委员会的职权内容。检察委员会作为检察机关最高业务决策机构，其讨论决定的案件主要是本院办理的重大、疑难、复杂案件，涉及国家安全、外交、社会稳定的案件以及下一级人民检察院提请复议的案件。笔者认为，因缺少对重大、疑难、复杂案件范围的明确界定，导致实务中检察官为规避司法责任将本由自己作出决定的案件提交检察委员会讨论。经审议的案件一旦出现错案，检察委员会应对其决定事项承担责任。然而，检察委员会委员具体应承担何种责任、如何分别承担、部分责任如何认定、案件承办人的事实汇报与检察委员会决定作出的责任如何区分以及不承担责任的情形，这一系列操作层面的问题，在《司法责任制意见》中均未有清晰规定，从而出现"责任追究泛化"的现象。正如龙宗智教授所言，检察委员会亦存在"人人负责却又无人负责"的问题。[①]

二、检察人员职责和责任划分的实践问题

（一）重大、疑难、复杂案件的范围不明确

《司法责任制意见》规定，重大、疑难、复杂案件决定权属于检察长或者检察委员会。因顶层设计未作相关规定，选取的七个省（市）级检察机关，仅有北京市检察机关在每个部门权限清单后明确了重大、疑难、复杂案件的范围。江苏省在基层院公诉业务类检察官职权中，明确重大案件的范围由基层院确定。笔者认为，重大、疑难、复杂案件范围不明晰，无法甄别判断是由检察长还是检察官行使，可能导致各地执行不一。从各地规定内容来看，亦存在用语表述不统一等问题，如青海省检察机关将案件划分为一般案件和重大、疑难、复杂、敏感案件；吉林省检察机关则将案件划分为非重大、敏感类和重大、敏感类案件。

（二）职权内容规定不规范、不周延

检察官权力清单涉及的具体权能数量众多，为保证权力配置科学高效，各权能必须相互协调、内在统一，形成明晰的权力体系。[②] 以侦查监督岗位为例，江苏省检察机关将"对审查逮捕案件的批准逮捕或者不批准逮捕"决定权由检察长或者检察委员会行使，而对决定逮捕行使主体却未予明确，尤其是各地即将面临对监察委员会移送案件开展审查逮捕工作，职权行使主体不明将影响检察职能的有效履行。又如，北京市检察机关规定检察官有权对本院直接办理的羁押必要性审查案件提出变更强制措施或者释放的建议，而对其决定权主体亦未予明确，因其虽在权限清单中对检察长和检察委员会的职责作出区分规定，但决定权不明易造成职责和责任边界不清。

---

① 龙宗智：《检察制度教程》，中国检察出版社 2006 年版，第 129～135 页。

② 参见江苏省泰州市人民检察院课题组：《检察官权力清单问题研究》，载《检察研究》2016 年第 3 卷，中国检察出版社 2017 年版。

(三)职权制定主体再授权和基层部分职权受限的问题

《司法责任制意见》第 21 条中规定,省级人民检察院结合本地实际,可以将检察长的部分职权委托检察官行使。各省级人民检察院制定的权力清单报最高人民检察院备案。笔者认为,该规定明确授权省一级检察院制定辖区内各级检察机关的权力清单,并未授权其他制定主体。然而,少数地区出现权力清单制定主体再授权的问题,如有的省检察机关在其制定的《检察官职权划分暂行规定(试行)》中规定,各地可根据自身实际制定本辖区的检察官职权划分规定。与此同时,部分本属于基层检察官的职权在实际执行时被限缩。又如,有的省院在检察官职权清单中规定基层院侦查监督部门检察官有权通知公安机关释放超期羁押的犯罪嫌疑人和对侦查机关(部门)侦查活动轻微违法行为提出口头纠正,而到了基层院,在执行检察官权力清单中却未能写入该两项职权。

(四)权力清单中包含部分办案职责、可操作性工作,混淆办案事项决定权与正常履职工作的界限

如北京市人民检察院审查逮捕部门权限清单中规定,讯问犯罪嫌疑人、询问证人等诉讼参与人,听取辩护律师意见等事项,由检察员决定。与此同时,该市制定的审查逮捕部门检察官履职清单中规定了检察官在检察辅助人员配合下,讯问犯罪嫌疑人或者听取犯罪嫌疑人意见,询问证人等诉讼参与人,并制作笔录材料附卷。笔者认为,讯问、询问工作是检察官从事审查工作应当开展的工作,该工作本身不存在决定权的判断问题,不应作为权力清单的内容。青海等地检察机关权力清单规定中也存在类似问题。

(五)办案职权配置和具体划分不尽一致

办案职权配置和具体划分不一致,可能给司法办案带来一定的影响。如上述提到的侦查监督、公诉部门的排除非法证据决定权、民行部门延长申请审查期限决定权等。又如《权力清单指导意见》中明确诉讼监督案件中以人民检察院名义提出(提请)抗诉、提出纠正违法意见、检察建议的决定权由检察长(副检察长)或者检察委员会行使,而四川省检察机关对民事行政检察部门发现同级法院审理存在违法行为,决定发出检察建议书或者纠正违法通知书的职权授予检察官行使。同样的,青海省检察机关将移送涉罪案件建议线索的职权授予检察官行使,笔者认为该做法均有违检察权运行规律。另外,有的地方检察官和检察官助理的职责划分合理性还需要深入研究。

(六)责任类型划分的可行性还需要实践的检验

实践中如果不能准确把握故意、重大过失原则和免责条款的界定,则很可能使十八届四中全会提出的"实行办案质量终身负责制和错案责任倒查问责制"陷于虚置,实践中既要保护广大检察人员依法办案的积极性,又要防止个别检察人员滥用免责条款规避司法责任。如前所述,检察官与检察长或者检察委员会司法责任的界限,以及检察委员会审议案件的司法责任还需进一步厘清。另外,在司法责任的认定和追究方面,偏重于故意和重大过失责任,而对监督管理责任的认定上稍显不足,《司法责任制意见》也未对此

作具体规定。①

三、完善检察人员职责和责任划分的应然分析和对策

第一，通过立法对检察人员职责与责任划分在法律层面予以确认，并明确监察委员会与检察机关工作衔接中检察官的权限配置。我国是统一的单一制国家，法制统一是我国单一制的重要特征和保证。检察官权力来源的依据是《宪法》和法律规定，从应然角度讲，检察官权力清单的基本内容应当是统一的。如前所述，各地检察机关在权力清单的形式、内容、数量上可谓差别较大。对于实践证明比较成熟的改革经验和行之有效的改革举措，应当尽快将其上升为法律，为改革提供支持和保障。② 为了解决与现行法律的冲突以及各地在检察人员权限配置、责任划分方面的不规范不统一问题，应抓住《人民检察院组织法》和《检察官法》修改的机遇，将经过实践检验的检察人员职责与责任划分的成功做法写入立法。当前，随着《监察法》的制定出台，亟须在权力清单中增加检监工作衔接中检察官的权限配置。

第二，明确由检察长或者检察委员会决定的重大、疑难、复杂案件的范围，划定检察长、检察委员会和检察官行使决定权的边界。参考一些地方的做法，笔者建议重大、疑难、复杂案件可以考虑作以下界定。重大案件，主要包括可能判处无期徒刑以上刑罚的案情重大的犯罪案件和人数众多、涉及面广或者倍受社会关注，处理结果将会产生重大政治和社会影响的案件。如危害国家安全的案件、黑社会性质的犯罪和犯罪集团性质的案件等。疑难案件，主要包括案情复杂，案件事实由于时空变化或者取证技术能力所限难以澄清的案件；存在证据疑问或者瑕疵，导致事实难以认定的案件，如孤证案件、零口供案件等。复杂案件，主要包括涉及罪与非罪、此罪与彼罪、改变定性的案件；办案实践中较少出现的新类型案件；涉及罪名众多的案件；法律关系复杂的民商和行政诉讼案件。

第三，厘清检察官职权的内涵和外延，梳理检察官职权的具体项目，消除职权遗漏或者授权不明确问题。合理区分办案事项决定权与程序性工作。建议将有些地方检察机关在检察官职权清单中规定的讯问犯罪嫌疑人、询问证人等诉讼参与人、听取辩护律师意见等程序性办案工作排除出权力清单的内容。为避免职权遗漏或授权不明确问题，笔者建议可以探索按不同案件进入检察机关后的诉讼流程，逐项梳理列出各个流程环节可能需要检察官依职权决定的事项，同时对梳理出的职权事项逐一明确有权作出处理决定的主体，这样可以比较有效地避免出现职权遗漏和授权不明的问题。

第四，释放司法责任制改革的红利，保证基层检察官有责有权。对上级院明确授予基层检察官的办案职权要坚决做到应授尽授，不能层层截留。当然，按照权责相统一的

---

① 参见王玄玮：《检察机关司法责任制之规范分析》，载《国家检察官学院学报》2017 年第 1 期。

② 参见乔晓阳：《发挥立法对改革的引领和推动作用》，载《人民日报》2016 年 7 月 19 日。

原则，授权的同时要加强对基层检察官履职行为的监督，保证做到有责必有权、有权不滥用。笔者认为，从目前各地试点的情况看，有些办案职权也可以考虑从目前由检察长直接行使转为授权检察官直接行使或者经检察长审核后由检察官行使。如某省检察机关规定的“就办案中发现的影响未成年人健康成长的相关事项向有关单位发出检察建议书”；又如某省检察机关规定的“决定第二次补充侦查”等。主要理由是这些职权一般都属于过程性的程序性职权，不涉及对特定案件的终局性处置，只要监督到位，这些职权授权检察官行使并无不妥，而且这样还可以使检察长或者检察委员会有更多的精力研究处理更为重大、疑难、复杂的案件。

第五，统一办案职权配置和具体划分标准。笔者认为，对现行法律明确规定由检察长、检察委员会行使的办案决定权，在法律规定没有修改之前原则上不应下放给检察官直接行使。对法律没有明确规定行使主体的职权，可以探索由检察官行使。但正如前所述，检察长和检察委员会应当保留对重大、疑难、复杂案件处理的决定权和对检察官错误或者不当行使职权的撤销权。另外，对检察官和检察官助理的职责划分应当遵循检察官决定和检察官助理执行的基本原则。检察官助理原则上只能根据检察官的安排承担协助办案等业务性辅助性工作，不得行使办案决定权，检察官也不能将本属于自己决定范围内的事项让渡给检察官助理办理。

第六，加强检察人员责任类型划分的科学性论证，防止个别检察人员滥用免责条款规避司法责任。笔者认为，司法责任制改革的成效最终要落实到司法责任的归属上。《司法责任制意见》对错案责任的追究作了原则性规定，即“在职责范围内对办案质量终身负责”，但同时又规定“司法办案工作中虽有错案发生，但检察人员履行职责中尽到必要注意义务，没有故意或重大过失的，不承担司法责任”。笔者建议，在合理保护广大检察人员依法办案的积极性的前提下，对于《司法责任制意见》免责条款，特别是如何确定“没有故意或重大过失”和“司法瑕疵”，应作严格限定，不宜作扩大解释。另外，对监督管理责任的认定应当引起足够重视，建议最高人民检察院对负有监管责任的具体情形和承担责任的方式及种类，专门制定具有可操作性的具体规定，防止检察官错案责任追究的制度设计流于形式。

员额制检察官制度实施中的问题及破解*

李　翔　周小纯　李佳杰**

摘要：鉴于员额制检察官制度在设立和推行上均依赖于顶层统一设计，同时限于各地实践的基础和环境不尽相同，在员额制检察官制度实施中也出现了诸如办案组织结构不合理、检察官权力独立行使受限、办案出现轻刑化倾向、改革配套制度不完善等问题，并直接影响改革的整体成效。结合当前员额制检察官制度运行实际，下一步还应继续建立完善员额的选任补充、检察权力运行、办案责任追究、职业保障等工作机制，推动员额制检察官制度实现效果最优化。

关键词：员额选任　轻刑化倾向　职业保障

实施检察官员额制是建立司法责任制和司法职业保障的前提性、基础性、辅助性制度，是实现检察官正规化、专业化、职业化的长效性改革措施。自2015年开始试点，特别是2016年11月江苏省全面运行员额制检察官新机制以来，各地积极探索，有效推进，取得了积极成效。同时，通过深入调研，也发现了员额制检察官制度实施中存在的一些问题和不足，需要积极研究解决。

一、推进与突破：员额制检察官制度推行取得的积极成效

（一）员额分配制度相对完善，人员结构初步优化

一是员额配置优化。实施员额制检察官制度后，入额的检察官以专业水平较高、办案经验丰富的中青年干警为主。二是办案组织设置优化。建立了职责明确、分工负责、

---

* 本文系2017年江苏省人民检察院检察理论研究课题"员额制检察官制度实施效果研究"（课题编号：SJ2017A06）的部分研究成果。

** 李翔，江苏省连云港市人民检察院党组副书记、副检察长；周小纯，江苏省连云港市人民检察院政治部主任；李佳杰，江苏省连云港市人民检察院干部。

相互监督、运转高效的“员额 + 检察官助理 + 书记员”的办案组织模式,检察官从一般性事务中解脱出来,充分发挥其法律专长和经验特长,有助于提升办案质量和效率。三是主要业务部门人员增加。以 L 市为例,员额制实施后,全市检察机关业务部门人数有较大幅度上升,侦监、公诉、民行部门的人数分别上升了 10%、18% 和 19.2%。四是院领导和部门负责人回归办案一线,亲历办案全程。

(二)检察权运行顺畅,办案质效稳步提高

以 L 市检察院公诉部门为例,员额制改革后人均办案 85 件,同比上升 57%;人均办案周期为 32.8 天,办案效率同比提高 47%。从涉检信访案件来看,员额制改革以来,全市检察机关接收信访案件 1241 件,同比下降 9.75%。

(三)检察权得以独立运行,检察官主体地位凸显

以 L 市检察院检委会讨论案件数为例,2016 年共讨论案件 15 件,2017 年讨论案件 6 件,同比下降 60%。业务部门案件讨论数也呈下降趋势,2017 年 L 市检察院公诉部门检察官联席会议讨论案件数与 2016 年部门会议讨论案件数同比下降近 90%。

(四)配套制度基本建立,检察权力较好运行

为保障员额制的落实,目前已建立了相应的薪酬、考核、职业保障等系列机制,确保检察权的有效行使。从效果来看,主要体现在薪酬待遇得到提升,业绩考核制度更加科学,案件质量监管制度不断完善。针对检察办案中存在的制度不健全、不完善的问题,着力加强制度建设。

二、实践与观察:员额制检察官制度实施中存在的问题

(一)人员配置不均衡,影响司法办案质效

1. 员额配置存在缺陷。目前对各地员额的配置,基本以人均办案量为基准,具有一定的合理性。但单纯以办案量为基础,也存在一定的缺陷,检察官办案量与配备的检辅人员和书记员,以及信息化程度也有着重要的关系。配备的检辅人员和书记员多、信息化程度高,办案数量、质量和效率必然有所提升。

2. 检辅人员配置不到位。以 L 市检察院公诉部门来看,目前员额、检辅和书记员配比为 2.6:1:2,且未实行固定的配属制。虽然新招录了一批聘任制书记员,但鉴于书记员学历、专业、经历的多样化以及人数少、工作内容单样化等所限,书记员的补充尚未达到有效缓解员额检察官办案压力的效果。同时,员额检察官和检辅人员职责权限的划分尚未完全达到职责清晰、责任明确,对检辅人员的工作安排更多依靠于员额检察官的主导分配,因此,在检辅人员配比不足或者员额检察官主导性不强的情况下,大量的阅卷、取证等工作仍需员额检察官亲历亲为,无法完全从事务性工作中解脱出来。

3. 统一的院领导入额方式影响改革成效。按照目前领导配置,三级院入额领导基本都是“一正三副两专委”共 6 人。对人少的基层院而言,领导入额占比大。而院领导办案

量办案要求又不能与普遍员额等同，小院案多人少的矛盾仍旧突出。笔者认为，对领导入额应分层级，这对人员少的基层院影响更为凸显。

4. 检辅和司法行政人员的工作积极性有所削减。在现有入额机制的导向下，大量综合部门精英转业务岗，导致综合工作一时出现人员紧张的情况。同时，由于职责分工明确，员额检察官、检辅人员只做分内之事，对诸如信息、宣传、调研、党建及其他服务大局性等工作不予问津，导致大量办案以外的一些综合部门工作难以落实，司法行政人员工作量大增。而原本独立办案的检察员、助检员因未入额而转检辅，且与入额检察官在工资待遇等方面有所差距，工作的主动性和责任心都有所减弱。

（二）受旧有办案模式影响，检察官权力行使仍受一定的限制

1. 员额检察官部分权力执行不到位。一方面，行政化因素犹存。在检察一体模式下，上下权限划分还不够清晰，检察官独立办案权仍一定程度上受到限制；另一方面，少数院检委会讨论个案过多。虽然检察官职权清单明确了检察官独立办案的权力，但仍保留了检委会对重大疑难案件和有较大社会影响案件的决定权，同时允许检察长更换个案承办人。

2. 检察官自身素质制约检察权的独立行使。从座谈调查结果来看，在基层院年轻检察官中，存在少数因怕担责而不敢独立作决定的现象。司法工作需要一个长期的实践过程，除了具备专业的法律知识外，还需要娴熟的司法经验和司法技巧以及一定的担当精神，这些都需要相应的司法从业经验来作为基础。

（三）出于趋利避害的本能，办案存在轻刑化倾向

从对L市检察机关不捕、不诉和法院免予刑事处罚率分析，与去年同期相比均存在较大上升，办案存在轻刑化的倾向。通过座谈了解，轻刑化的主要原因是怕承担错案责任。党的十八届四中全会通过的《中共中央关于全面推进依法治国若干重大问题的决定》提出“实行办案质量终身负责制和错案责任倒查问责制，落实谁办案谁负责”。2015年9月28日，最高人民检察院发布了《关于完善人民检察院司法责任制的若干意见》，对司法责任制的适用范围做出了规定，将故意违法的行为和重大过失行为，且造成了错案等严重后果的纳入错案追究范围。权责一致是司法改革之必要，但由于欠缺对错案标准的统一认识，错案终身制给检察官带来了心理负担，基于趋利避害的本能导致轻刑化。

（四）配套保障制度尚不完善，影响员额制改革效果

1. 待遇与预期存在差距。一是地域之间差距较大。同一地区内部也存在较大差距，以江苏省为例，南北差距近一倍，市县、区县之间也存在较大差别。主要原因在于：没有统一的顶层设计，有的省份由省财政统一管理，有的委托地方财政管理，由于各地经济状况存在差异，加以对政策的解读、计算方式不同，导致各地执行标准不一。二是政治待遇无法全部落实。虽然检察官工资待遇根据检察官等级对应的“行政等级 + 绩效工资”的模式予以落实，但一些地区相应的政治待遇并未跟上。以市级院为例，四级高级检察官

对应行政副处级，但在提拔、培训、各种补贴等方面多数地方尚未实际对应。三是对外流通交流制度尚未建立。由于员额检察官并非终身制，一旦由于身体原因、配偶子女存在任职回避、能力不适等各种原因退出员额的，其行政职级待遇如何处理，目前没有规定，对此，员额检察官会有“捡了芝麻丢了西瓜”的隐忧。

2. 检察官考核机制尚不完善。检察机关不同部门的职责任务存在较大差别，导致不同员额检察官的工作任务和强度也不尽相同，因此，如何制定科学、公平的考核机制，对于推动员额制改革背景下的检察权科学运行意义重大。从调研来看，干警对建立完善考核机制的担忧主要集中在以下两个方面：一是考核内容单一，不能全面反映工作量、工作质量和综合素质能力，目前考核以办案和办案的数据作为检察官业绩的衡量指标。二是同一的考核模式执行上有困难。如对年纪大的员额与其他员额同等要求是否合适，如果设置差别相对较大的不同考核机制，则不利于激发年轻人的积极性，继续落入“干多干少一个样”的窠臼。

三、思考与启示：员额制检察官制度发展瓶颈破解

员额制改革关乎整个司法体制的革新，有着“牵一发而动全身”的效果，对于保障司法独立和司法公正具有至关重要的意义。对于发现的问题，必须从制度本身入手，细致规划，使员额制在更加具体的制度与技术层面得到落实。

（一）完善员额的选任和补充机制

1. 建立灵活的员额调配机制。建议市级层面有统一调配权，员额的分配不固定不绝对，可每年根据人员和案件情况进行调整。三级院员额数应有所区别，省级院办案量相对较少，85%的案件在基层，因此员额应向基层倾斜。省级院、市级院以指导、业务规律总结等为主，综合业务部门员额应相对多配。此外，员额比例确立或调配以办案量为基础，但不应唯办案量论，还应综合考虑员额的年龄层次和综合素质、检辅人员配比、信息化办案程度等直接影响办案效率的因素。对于员额总体年龄偏大的院或部门应适当多配，对员额素质较高、检辅人员配比充足、信息化办案程度高的院或部门应适当少配。

2. 完善员额任职条件和程序。美国大法官霍姆斯说过“法律的生命始终不是逻辑，而是经验”。[①] 目前，受队伍现状的局限，检察官入额条件的设定不可能理想化，但建议检察官入额条件不应低于当前检察员的条件，其中除了对法律职业任职年限、学历和研修成果等设定较高的标准外，员额检察官还应在法律信仰、敬业精神、职业伦理、道德品行等方面成为所有检察人员的榜样和标杆。检察官入额程序的设计要防止简单的“论资排

---

① 转引自［美］E. 博登海默：《法理学：法律哲学与法律方法》，邓正来译，中国政法大学出版社 1999 年版，第 151 页。

辈”和“一考定音”①,要综合考虑学历、阅历和办案经验。三级检察机关员额的入额条件应有所区分,侧重点也应有所不同,基层院更多的应侧重对个案办理能力的考察,省市院更多的应侧重对重大疑难复杂和新型犯罪的把握、指导性办案等能力的考察。在任职年限上,可对三级院分层级明确规定,根据《检察官法》和司法规律及多年的实践,可明确员额检察官县区、市、省分别应有 5 年、8 年、12 年的办案经历较为合适。

3. 多种措施解决员额不均衡问题。一是进行精准测算。对 3 年内将退休的检察官与本院工作年限 5 年和 8 年的检察官进行测算,根据实际需要予以调整,确定比例。从全市分步骤分院予以调配,如对年龄老化的基层院,根据将退休人员的实际情况,前两年予以多分员额,两年后回归原位。二是解决人员分流问题。探索开展“以时间腾空间”方式,通过部分老同志提前退休(退养)的方式加快分流。② 合理分配员额,如对年纪大的同志分配至控申接待、刑事和解、监狱管理等岗位,充分发挥其人生阅历和办案经验丰富的特长。也可以协调地方党委政府,在本人同意的情况下,协调至行政机关。三是明确入额院领导入额和办案要求。建议赋予各级院领导(政治部主任、纪检组长除外)当然的员额检察官身份,并且不纳入员额计算比例基数,全省统一控制在 39% 即可,减少小院员额压力。鉴于院领导兼顾大量的行政管理事务,其办案不应定位于缓解办案压力,而应定位于全面了解和把握司法实务问题并促成问题的解决;在办案程序上,院领导应侧重于案件定罪量刑、证据把握、多元价值平衡等核心工作。

(二)建立完善的权力运行机制

1. 进一步强化员额制检察官的主体地位。一是强化检察官独立办案的理念。司法独立是司法权正当行使的前提和内在要求,司法责任制改革的一个重要任务,就是要弱化司法权运行中的行政化色彩,使检察官可以完全按照法律和内心确信去认定事实并适用法律,这对于提升司法公信力无疑有着巨大的作用。二是扫除检察官办案阻力。严格落实中共中央办公厅、国务院办公厅《领导干部干预司法活动、插手具体案件处理的记录、通报和责任追究规定》和中央政法委《司法机关内部人员过问案件的记录和责任追究规定》,切实解决领导干部干预司法活动、插手具体案件处理以及司法机关内部人员过问干预案件问题。三是强化检察官办案主导权。强化员额检察官对检察辅助人员的办案调度权,有效引导和指挥检察官助理、书记员认真履行各自职责,切实解决检辅人员可能会出现的不积极不主动配合员额检察官办案的问题。赋予检察官对检察辅助人员一定的考核权限,树立员额检察官的权威。

2. 不断充实检察辅助和司法行政人员力量。在 5 年过渡期内,可以容许有的地方探

---

① 参见任新海:《检察官员额制的考量因素》,载《人民检察》2016 年第 11 期。

② 参见王立新:《建立法官员额制是中国法官职业化的必由之路——以江阴法院司法改革为样本》,载《人民司法》2015 年第 13 期。

索的 AB 岗制。根据实际工作需要,定期开展聘任制书记员统一招录工作,同时对书记员的学历、专业等作出一定限制,确保招录人员的综合素质。结合不同业务部门工作实际需要,探索建立专业化的检察辅助人员工作团队,同时服务于多个员额检察官。积极协调地方编制部门,增加司法行政人员编制,并定向招录定向培养行政人员,明确其职业预期就是行政人员,此部分人员即使通过了司法考试,也不再任命法律职务,以稳定行政人员队伍,实现行政人员的专业化。此外,可以让社会力量参与检察辅助工作和司法行政工作,对于当前检察司法办案过程中存在的文书送达、卷宗扫描、数据统计以及大量的司法行政工作等可通过外包或购买社会化服务等方式来解决,从而有效缓解司法办案中人力资源不足的压力,有效提升司法办案效率。

(三)建立完善的职业保障机制

1. 建立科学的业绩考评体系,最大化提升工作积极性。一是分部门分类型进行考核。不同性质的办案部门设置不同的考评标准,检察官的考核也只在同部门同条线予以比较和区分。对省、市、县级检察官考评标准也应有所区别。如在研修分值上,省级应加大权重,市级其次,县区级研修分值相对可以设置较低。二是考评内容应更加全面。除对司法办案重点考评外,还要对司法作风、司法技能、职业操守等方面进行评价,如调解能力、决策能力、创新能力、组织能力、职业责任品格、敬业精神、工作态度等内容。此外,从检察机关的性质出发,对员额检察官的考核也应包含以履职范围内的服务大局工作。三是明确考评结果的运用。对绩效考核信息实施动态管理、全程留痕,并在相应的系统平台予以公开。同时,把检察官绩效考评结果作为检察官晋级、评优、绩效工资发放的决定性因素,对长期业绩突出的检察官,在晋职晋级等方面予以优先考虑。

2. 增强检察官的职业保障,确保检察官的独立地位。员额检察官承担着更大的办案责任、管理风险、办案风险甚至健康风险,如果缺乏有效的保障,就难以树立起检察官的职业尊荣感。目前,各地检察官薪酬制度落实标准不一,导致不同地区薪酬待遇差别较大。对此,建议加强顶层设计,进一步明确员额制改革后"三类人员"的增资标准,如有的省份直接在检察官原有工资基础上增加 50%,同时不剔除原有的津贴等,切实做到公开、统一、透明,有效保障员额制改革实施成效。

3. 建立科学的办案责任追究机制,破解轻刑化倾向。一是统一错案追究机制的认识。正确解读和宣传过错责任追究机制,明确一般过失与工作瑕疵属司法责任豁免范围。① 二是建议对因事实与法律认识差异而导致处理结果不同的案件,不纳入司法责任追究范围。作为法律职业主体,需要根据自己的学识和经验对事实和法律认识作出判

---

① 2015 年 9 月 28 日最高人民检察院公布并施行的《关于完善人民检察院司法责任制的若干意见》第 33 条规定:"检察人员在事实认定、证据采信、法律适用、办案程序、文书制作以及司法作风等方面不符合法律和有关规定,但不影响案件结论的正确性和效力的,属司法瑕疵,依照相关纪律规定处理。"

断,但由于自身能力和素质的差异,且“最审慎的法官也可能把案子搞错”①。因此,对诉判不一、无罪判决等案件,除实体考评外,应重点考察检察官在办案中是否有故意或重大过失,不以判决结果作为检察官办案质量的决定标准。同时,检察官的终身追责制,也应受刑法犯罪追诉时效规定的限制②。三是完善办案质量评价机制。成立专门的办案质量评价委员会,由资深检察官组成,对侦捕诉不一、捕诉不一、诉判不一,特别是对侦查、公诉在犯罪数额、情节、证据认定不一致案件应启动办案质量评价程序,防止人为地轻刑化。

4. 通畅员额内外流转渠道,有效解决检察官后顾之忧。一是理顺入额后的职级待遇关系。按照现有规定,员额检察官实行单独的检察官职务序列,不再与入额前的行政职级挂钩。实践中出现原来职级待遇高的,入额后反而下降。对此,应加强顶层设计,自上而下统一推进相关政策落实,确保员额检察官原有的工资待遇不受影响。二是理顺退额后的职级待遇保障问题。目前对员额检察官的退出情形作出了明确规定,如退休、任职回避、违法违纪等原因,但对退出员额后的职级待遇保障没有明确。建议对于正常退出员额的,应比照其员额检察官所享有或对应的行政级别继续享受相应的职级待遇,切实解决员额检察官的后顾之忧。三是畅通与地方的流通机制。在改革初期,对年龄偏大或多年未从事业务工作的领导,征得本人同意后,可协调地方党委政府调入合适的单位工作。

① [法]勒内·弗洛里奥:《错案》,赵淑美、张洪竹译,法律出版社2013年版,第4页。

② 参见陈光中、王迎龙:《司法责任制若干问题之探讨》,载《检察智库成果》(第1辑),中国检察出版社2017年版。

检察机关诉前主导机制研究

董月明　任进强　司西霞*

摘要："以审判为中心"诉讼制度改革过程中，检察机关定位需要深刻反思。公、检、法三机关均具有保证法律正确实施的职责，检察机关作为刑事诉讼的中间环节，必须要和侦查机关之间构建新型的诉侦关系以适应"以审判为中心"的需求，建立检察机关诉前主导机制可以有效地促进解决这个问题。检察机关通过进一步强化引导取证、诉讼监督和诉前证据、案件过滤，构建引导、监督和过滤的新型诉侦关系，形成"大控方"格局，促进有效指控犯罪和预防冤假错案，提高检察公信力。

关键词：侦诉诉讼关系　诉前主导　引导

党的十八届四中全会通过的《中共中央关于全面推进依法治国若干重大问题的决定》提出要"推进以审判为中心的诉讼制度改革，确保侦查、审查起诉的案件事实证据经得起法律的检验。全面贯彻证据裁判规则，严格依法收集、固定、保存、审查、运用证据，完善证人、鉴定人出庭质证，保证庭审在查明事实、认定证据、保护诉权、公正裁判中发挥决定性的作用"。[①] "以审判为中心"诉讼制度改革推行后，审判机关适用证据规则日趋严格化、庭审渐趋实质化，对公诉案件质量产生了倒逼作用。但在实践中侦查机关"以侦查为中心"的办案思维仍然根深蒂固，部分案件的侦查质量难以适应"以审判为中心"的要求，导致作为刑事诉讼中间环节的检察机关受到来自审、侦的双面夹击。此种形势倒逼检察机关和侦查机关之间必须要构建一种新型的诉侦关系来应对"以审判为中心"诉

* 董月明，江苏省连云港市人民检察院副检察长；任进强，江苏省连云港市人民检察院公诉处处长；司西霞，江苏省连云港市人民检察院公诉处副处长。

① 习近平：《关于〈中共中央关于全面推进依法治国若干重大问题的决定〉的说明》，人民出版社 2014 年版，第 23 页。

讼制度改革的需求。笔者认为,建立检察机关诉前主导机制比较符合实际情况并能满足现实需求。

一、诉前主导机制概述

(一)诉前主导机制的司法背景

当前,理论界和实务界对如何建立检察机关诉前主导机制没有定论,但对检察机关应当在诉前程序或审前程序中发挥主导作用已达成共识。中国政法大学卞建林教授主张,检察机关能否发挥诉前主导和审前过滤作用,是探讨以审判为中心的诉讼制度改革的关键。① 2016 年 10 月最高人民法院、最高人民检察院、公安部、国家安全部、司法部联合下发的《关于推进以审判为中心的刑事诉讼制度改革的意见》和 2017 年 2 月最高人民法院出台的《关于全面推进以审判为中心的刑事诉讼制度改革的实施意见》中,均对检察机关应当发挥诉前主导和审前过滤作用予以了体现。司法实践中,审判机关将检察机关和侦查机关作为指控犯罪的“大控方”予以对待。近年来,最高人民检察院也一直倡导各级检察机关要充分发挥诉前主导和审前过滤作用,确保有效指控犯罪和充分保障人权,近几年的最高人民检察院年度工作报告中均有检察机关主导诉前程序或审前程序的表达。②

可见,检察机关主导诉前程序事实上已经进入刑事诉讼改革的视野。检察机关在提起公诉前,通过引导侦查取证、强化诉讼监督和严格证据、案件过滤等功能,进一步密切诉侦关系,形成追诉犯罪和保障人权的合力,以适应“以审判为中心”刑事诉讼制度改革的需求,并确保案件质量和指控犯罪的顺利进行。

(二)诉前主导机制与检警一体化的异同

诉前主导机制所涉关键问题实为检警关系问题。纵观世界各国的刑事诉讼制度,在检警关系的设置上主要存在两种模式:一是检警合一模式;二是检警分立模式。大陆法系国家主要采取检警合一模式,而英美法系国家多实行检警分立模式,两种模式各有特点。③ 检警合一模式强调检察机关是法定的侦查机关、形式上的侦查主体,集侦查职能与控诉职能于一身。警察机关是帮助检察机关行使侦查权而设的“辅助机关”,在侦查过程

---

① 参见卞建林教授于 2016 年 11 月 29 日在最高人民检察院检察理论研究所举办的“检察改革与检察工作创新”研讨会上的发言:“公诉部门能否发挥诉前主导和审前过滤作用,是探讨以审判为中心的诉讼制度改革的关键。”

② 参见《最高人民检察院 2016 年工作报告》,其中提到 2016 年“检察机关将推进以审判为中心的诉讼制度改革,全面贯彻证据裁判规则,充分发挥审前主导和过滤作用,健全听取辩护律师意见机制,防止案件‘带病’起诉,确保侦查、起诉的案件事实清楚、证据确实充分。”参见《最高人民检察院 2017 年工作报告》,其中提到 2017 年“检察机关充分发挥审前主导和过滤作用,探索建立重大疑难案件侦查机关听取检察机关意见和建议制度,对侦查机关不应当立案而立案的,督促撤案 10 661 件。全面贯彻证据裁判规则,对不构成犯罪或证据不足的,不批准逮捕 132 081 人、不起诉 26 670 人……”

③ 宋维彬:《论我国检警关系之改革:兼评新刑事诉讼法对检警关系之修改》,载《刑事法评论》2014 年第 1 期。

中要接受检察机关的指挥、命令。[①] 可见,检警合一模式下侦查人员全程在检察官的指挥、命令下开展侦查工作,其自身不具有独立的侦查权。

我国目前没有建立起检警合一的检察指挥侦查模式,笔者所探索的检察机关诉前主导机制也未突破现有体制框架,不同于检警一体化模式。建立检察机关诉前主导机制,是立足于整个刑事诉讼程序本位,以解决构建一种满足刑事诉讼规律的新型诉侦关系的现实需求为根本目的。诉前主导不是检察强行干预侦查,也非检察领导、指挥侦查,而是检察机关通过对现有法律法规框架内一系列制度的有效执行或是建立相关的新制度,在尊重侦查机关的专业化分工、不影响侦查机关专业侦查优势发挥的前提下,利用检察机关自身的法律专业优势,对侦查取证活动进行引导和监督,对程序进行净化,对证据和案件进行过滤,通过正面规范引导和反面刚性规制两种手段,促进侦查机关侦查思维和办案理念的自行转变,以适应"以审判为中心"的需求。

(三)诉前主导机制与以往实践做法的异同

我国现行检警关系模式属于检警分立模式,但又不完全等同于英美法系检辩对抗模式下密切合作程度较高的检警关系。[②] 我国《宪法》和《刑事诉讼法》规定的检警之间是平行关系,组织机构各自独立,刑事诉讼中"分工负责、互相配合、互相制约"。实践中,检察机关对侦查机关主要采取"引导侦查"等正向引导或配合措施,一些刚性的监督措施或者严格的证据、案件过滤手段运用不足,二者之间明显配合有余但制约不足,侦诉关系存在诸多问题,如侦查机关未受到来自审判机关的直接压力兼之检察机关传递的压力不足,导致"以侦查为中心"的办案思维仍未转变,重打击轻保护、重实体轻程序、有罪推定等错误司法理念仍运用在执法办案中,与"以审判为中心"刑事诉讼制度改革的要求相悖;侦查机关执法不规范、取证不到位,检察机关又未能及时发挥好引导作用,导致案件从侦查源头上存在质量问题;检察机关对侦查活动监督不力,无法发挥出通过诉讼监督促进侦查活动质量提高的作用;检察机关未能有效运用好法律赋予的非法证据排除、羁押必要性审查、不起诉等多项诉前过滤机制,对证据和案件诉前过滤不严,进而在保障人权、防止案件"带病"起诉等方面发挥作用不足。

诉前主导机制不同于检察机关上述以往采用的"引导侦查"等做法,其不仅有正面引导侦查的手段,也有强化诉讼监督和诉前证据、案件过滤的反面规制手段。具体设想是:在互相配合、互相监督制约的原则下,一方面,检察机关加大引导侦查力度,通过各种侦查规范指引活动,帮助侦查机关按照"以审判为中心"的要求依法规范侦查活动;另一方面,检察机关通过纠正侦查违法、控制刑事强制措施、过滤证据和案件等措施,刚性监督

---

① 参见万毅:《侦诉一体化:我国检警关系之重塑》,载《新疆大学学报(社会科学版)》2003 年第 3 期。

② 参见宋维彬:《论我国检警关系之改革:兼评新刑事诉讼法对检警关系之修改》,载《刑事法评论》2014 年第 1 期。

侦查取证活动,倒逼案件侦查取证质量的提高。充分运用法律规定的合法有效手段加强对侦查活动的反面刚性规制,是诉前主导机制区别于以往司法实践的一大特点。

二、建立诉前主导机制的必要性分析

(一)有利于构建符合刑事诉讼规律的诉侦诉讼关系

检察机关的审查起诉职能上承侦查、下启审判,承担着追诉犯罪和诉讼监督的双重职责,承载着打击犯罪和保障人权的双重使命,在刑事诉讼中的地位作用非常重要。我国《刑事诉讼法》中规定“分工负责,互相配合,互相制约”是侦、诉、审三者之间关系的定位,但在实践中侦查机关和审判机关之间几乎不存在直接联系,无法直接互相制约,公、检之间配合制约以及二者作为控诉的整体和法院间的配合制约才是侦、诉、审配合制约的实质形式,“以审判为中心”刑事诉讼制度改革要求将诉前程序视为一个整体,侦查和公诉共同承担追诉职能,侦查作为起诉的准备程序,服从并服务于起诉工作,并不违背法律规定。而在侦、诉关系中,互相配合制约确立的是其内部关系,该关系应服务于“保证法律正确实施”这一根本目的。另外,检察机关的法律监督职能也决定了其在刑事诉讼中的地位是中立的,其不仅要打击犯罪,还要保障人权。比较而言,公诉机关以其专业素养和法律经验组织并完善证据体系,在保障人权的同时最终确定控诉的内容和证据,以尽可能完整的指控体系将证据呈现在法庭之上,出席法庭,接受关于证据和观点的质疑并进行答辩,其与审判者直接发生联系,更加熟悉证据原则和裁判程序,更有机会让审判者接受控诉观点;侦查机关擅长的是将犯罪事实和涉案当事人相对应的过程,通过快速反应并依法使用强制力,在有限的时间内收集、固定证据,使其成为刑事诉讼的基础,其本质上是一个有罪推定的过程,这种思维方式并不适合审判过程中的无罪推定原则。因此,以公诉机关为主导进行证据取舍,无疑更有利于保障人权和控诉的成功;且在诉前程序中,凸显审查起诉职能的主导地位,重新构建符合刑事诉讼规律的侦诉诉讼关系,有助于推动刑事诉讼构造从“以侦查为中心”向“以审判为中心”的顺利转变。

(二)有利于推进“以审判为中心”刑事诉讼制度的改革

诉前主导机制的理论基础和内在动力缘于“以审判为中心”的刑事诉讼制度改革。“以审判为中心”落实到具体案件中,核心便是全面贯彻证据裁判规则。证据是整个指控体系的核心,若欲其充分发挥出证明案件事实的作用,则必须要保证取证的及时性、合法性和完整性,应严格依法收集、固定、保存和审查、运用证据,确保证据经得起法律的检验。虽然我国现行法律法规及相关司法解释对证据的收集固定和保存已有明确规定,但实践中因取证不及时错失取证良机,致使证据后续难以取得或者取证不合法、不到位、程序不规范等现象出现,侦查机关关注能否破案多于证据的收集、固定,一旦破案后取证和固证力度都会大大降低,造成一些案件“带病”移送审查起诉,难以顺利指控。建立诉前主导机制,不仅可以保障案件侦查活动及时依法有效开展,从源头上保证案件质量,而且可以通过公诉部门发挥出诉前对侦查取证的主导作用,进一步加强侦、诉协作配合和监督制约,逐步转变侦查机关的司法理念,将其办案思维从查明案件事实转变到证明案件事实,将办案模式从以口供为中心转变到以客观性证据为中心,逐步树立起围绕“以审判为中心”的标准进行侦查取证的证据意识。

三、诉前主导机制的构建路径

(一)建立相对明确的类案证据标准引导侦查

我国《刑事诉讼法》对侦查终结、提起公诉、判决的证据标准都要求必须达到“证据确实、充分”的程度,公诉机关基本按照法院的判决标准来把握提起公诉的标准,也必然希望侦查机关提供和诉、审标准一致的证据体系,“以审判为中心”将侦、诉视作审前程序统一体,再次强调公诉机关以公诉的证据标准要求侦查是妥当的,也是符合刑事诉讼规律要求的。但在实践中,侦查主体多样化、侦查水平差异化、案件出口不统一等因素导致案件侦查终结的证据标准良莠不齐,实践中侦诉关系涉及的绝大多数问题和分歧也集中在证据标准上,如能建立较为详细的类案证据标准来引导侦查,检察机关的主导作用将会更容易深入到侦查活动中。诚然,从千差万别的个案中提炼出具有共性的证据标准极其不易,但仍可尝试就实践中的常见罪名和常见问题进行归类总结,供侦查机关参考。

(二)提前介入引导侦查

有效的提前介入活动可将证据裁判原则通过个案贯彻于侦查阶段。首先,提前介入应更注重对重大、疑难、复杂案件的主动、及时介入,一方面要对侦查活动的合法性进行引导和监督,引导侦查人员严格依法侦查、取证,同时对不适格的证据及时进行过滤,排除非法证据,补强瑕疵证据;另一方面在确定犯罪嫌疑人之后以庭审的标准引导侦查机关全面取证,避免由于侦查人员在犯罪嫌疑人作出有罪供述后忽略旁证和间接证据的取得,导致案件移送审查起诉后再要求其补充证据时错过最佳取证时机从而使证据灭失等情况的发生。其次,提前介入应更突出对侦查取证方向和具体取证行为的引导。“以审判为中心”要求侦查模式由“由供到证”转变为“由证到供”,检察机关应引导侦查机关弱化口供在案件侦查中的作用,强化对实物证据的调查、收集和运用,以言词证据为辅,以对物证、书证、DNA 鉴定、指纹鉴定等客观性证据的收集为主。提前介入必须落实对侦查机关的具体引导取证工作,根据犯罪构成和定罪标准,提出明确的取证方向,列明具体的调取证据范围,但需注意只能通过对案件证据的补充和完善提出建议来主导侦查和取证行为,不能越权对案件如何处置作出轻率承诺或决定性表态。

(三)通过强化侦查监督职能和捕诉一体化理念主导侦查

检察机关的审查逮捕职能对侦查取证活动可起到较强的制约作用,且因其诉讼阶段的前置性,对规制侦查取证活动也能起到较好的效果。探索建立健全重大疑难复杂案件侦查侦监公诉会商、侦监公诉信息共享、公诉派员列席侦监疑难案件讨论、对捕后补充侦查事项跟踪监督等制度,从案件批捕环节抓起,引导侦查机关注重取证质量。侦查监督部门应严格审查案件是否符合逮捕的证据标准，对不符合证据标准的报捕案件依法坚决不予以逮捕，并以案件庭审的证据标准列出详细的补充侦查提纲，引导侦查机关继续侦查取证。对符合逮捕条件、予以逮捕的案件，也应根据案件庭审的证据标准列出详细的补充侦查提纲来引导后续的侦查取证工作。实践中，存在犯罪嫌疑人被逮捕之后侦查机关便“放心了”而怠于补证直接移送审查起诉的现象，对此，检察机关在受理报捕的案件时，要审核侦查机关是否对侦监部门的补充侦查意见进行了落实，如果没有进行任何调查或者主要内容调查不到位的，则可要求侦查到位后再行移送审查起诉。

（四）通过侦查合法性审查制度和证据过滤制度主导侦查活动

对侦查合法性的审查是检察机关行使法律监督权的首要之义。检察机关应充分运用检察职能对侦查活动是否合法进行及时有效的监督，强调证据来源的合法性、程序的正当性，及时纠正侦查违法活动；发现有应立案而未立案或者不应立案而立案的情况，及时由侦查监督部门启动立案监督程序；发现侦查人员有刑讯逼供、贪污贿赂、渎职侵权等职务犯罪行为，应及时将线索移送监察委处理。通过对侦查违法不当行为及时纠正，来规制侦查行为的合法性和有效性。诉前证据过滤是倒逼后续案件侦查取证活动质量的一种有效手段。公诉机关在审查起诉过程中对证据能力严格审查，以庭审标准适用公诉证明标准，对不适格的证据依法予以排除或者督促补强可以倒逼取证的合法规范性。

（五）通过补充侦查制度强化诉前主导侦查

补充侦查制度是提升案件质量和案中规制侦查取证活动的有力手段，也是检察机关主导诉前程序的关键环节。检察机关应当充分运用好补充侦查权，在补充侦查环节将检察机关主导侦查取证的作用发挥到最大。审查起诉期间，公诉人应及时对案件进行审查，并列出具体缺失或者不适格的证据，及时要求侦查机关予以补强或者自行进行补充侦查。对于影响定案的关键性证据，公诉人应亲历进行调查核实，关键物证要见物、关键现场要复勘、关键证言要复核、律师意见要听取、视听资料要播放，以此增加内心确信，也可将公诉人对定案证据的刚性要求传递到侦查机关。对于确需退回侦查机关补充侦查的案件，应当加强退查说理。退查提纲中除列明需要补查的事实和证据外，亦应对退查的缘由、目的和补查的重点、具体事项、需要注意的问题等进行充分、透彻的说理。公诉人和侦查人员就退查的方向、目标、效果等进行当面沟通，向侦查人员明确为什么要补、补什么、如何补、补到什么程度等，对个案的补证活动进行具体化引导和规制。退查后，公诉人与侦查机关应保持常态沟通，对案件事实和证据的补充侦查及时予以引导，对侦查机关在办案中容易出现及出现频率较高的问题提前提出建议，以庭审标准引导取证，力求在审查起诉期间充分发挥检察机关主导诉前程序的作用。

（六）依法行使不起诉权，以案件过滤规制侦查取证

不起诉作为终结诉讼的方式之一在刑事诉讼中具有极其重要的地位，其所包含的疑罪从无、人权保障等价值取向契合审判中心主义的本质需求。但在实践中，起诉是常态，

不起诉较少，不起诉中酌定不起诉和存疑不起诉较多，法定不起诉较少。在“以审判为中心”背景下，法定不起诉当是检察机关主导侦查活动极其有效的合法手段。如同审判机关对公诉案件因为事实、证据等原因所作的无罪判决是对公诉案件质量的否定一样，绝对不起诉处理也意味着检察机关对侦查机关的案件法律认识、事实证据、法定程序等方面的否定性评价，使得侦查机关不得不考虑检察机关的认识，不得不遵循公诉的思路，侦查工作不得不向“以审判为中心”靠近，对密切侦诉配合和规制侦查活动大有裨益。

检察机关诉前主导机制运行良好可以润物细无声地推动“以审判为中心”的诉讼制度改革，但是需要一支高素质的检察队伍履行职责。需要完善相关配套制度，加强检察官的专业化、职业化建设，以确保检察机关有能力主导诉前程序，切实保障有效指控犯罪，防范冤假错案，提升检察公信力。

跨行政区划检察院设置研究

——以江苏跨行政区划检察改革为视角

南京铁路运输检察院课题组*

摘要:探索设立跨行政区划的人民检察院,是党中央从全面深化改革、全面依法治国战略高度作出的重大部署,对保障检察机关依法独立公正行使职权、完善中国特色社会主义检察制度,具有十分重要的意义。探索推进跨行政区划检察院改革,需要设置层级、确定管辖范围、整合内设机构等问题,是一项系统工程。课题直接分析江苏跨行政区划检察改革难题,提出符合中央司法改革方向和江苏检察工作实际的制度设计,努力形成可全国复制推广的江苏跨行政区划检察改革方案,以期为全国跨行政区划检察改革提供理论支撑。

关键词:跨行政区划　检察改革　管辖范围

一、江苏跨行政区划检察的探索

2014年12月,最高人民法院、最高人民检察院共同研究制定《设立跨行政区划人民法院、检察院试点方案》,经中央全面深化改革领导小组审议通过后印发执行。随后,上海、北京依托原有的铁路运输检察分院,分别探索开展跨行政区划检察院改革试点工作。位于江苏省的南京铁路运输检察院和徐州铁路运输检察院,在2012年整建制划入江苏省,现为江苏省人民检察院的两家派出院。江苏虽然不是“两高”确定的试点省份,但是基于创新创优的工作传统和南京、徐州铁路运输检察院(以下简称铁检院)的资源优势,根据最高人民检察院和省委的部署要求,已经分别从案件集中办理、机构设置、基础设施建设等方面开展工作,积极探索开展跨行政区划检察院改革试点。

---

* 课题组负责人:邱友根,江苏省司法厅纪检组组长;蒯建欣,南京铁路运输检察院检察长。课题组成员:段里鹏,南京铁路运输检察院批捕公诉科科长;吴军,南京铁路运输检察院批捕公诉科检察官助理。

2013 年 10 月，江苏省人民检察院即决定由南京铁检院承担南京市大部分地区知识产权刑事检察工作，在案件办理上，探索特殊类型案件集中管辖制度改革，为跨行政区划办理案件积累经验。受理审查起诉的知识产权类刑事案件占到南京市知识产权类案件的 78%，占全省的 10% 左右。江苏省人民检察院（以下简称省院）积极推动铁路运输检察机关探索跨行政区划检察改革，要求徐州的环境资源类刑事案件的审查逮捕、审查起诉工作由徐州铁检院集中管辖。2017 年 9 月 1 日起徐州铁检院正式受理全徐州市环境资源类刑事案件。2016 年 4 月，省院下发文件，明确为积极对接跨行政区划检察院改革要求，立足省院派出院的性质定位，将部分案件交由南京、徐州铁检院办理。所受理案件分片交由南京、徐州铁检院办理，按照审级接受南京、徐州市检察院的指导和监督。该通知使铁检院在案件办理上迈出了一大步，为下一步推进跨行政区划检察院改革创造了条件。2018 年 2 月，省院专题研究南京、徐州铁检院的职能定位、案件管辖等相关问题，再次明确对两院集中办理的特定类型案件，南京、徐州市人民检察院要继续加强管理，建立相应的工作机制，将铁检院的办案情况纳入所在市院的考核范围，与所辖基层院办理的案件同等对待。

目前在探索跨行政区划检察试点工作中，由于没有明确的顶层设计方案，试点工作一方面以北京和上海试点地区关于案件管辖范围做适当参考，另一方面靠协调各方来促进，所出现的问题是：一是定位不明。虽然铁检院属于省级院的派出院，但如果受理基层跨行政区划案件，那根据审级业务工作就应接受受理案件所在地的地级市院领导，导致上级单位多且混乱，市级院对省级院的派出院在业务指导上并没有像对基层院那样顺手，试点没有从根本上解决跨区划系统设置。二是目前试点并没有跨到位，只是在南京市、徐州市范围内各一个领域进行的尝试，在一个市内跨区、县而已，并没有实现跨市管辖，没有真正体现出“跨”的作用。三是脱离所在地开展跨行政区划检察工作，没有配套的机制。如“两法”衔接工作就无法进入地方“两法”衔接平台，甚至所在地法律援助等工作都需要协调各方去解决。四是前期铁检改革并不彻底，上级业务单位是上海，而人财物归江苏，在各项工作制度衔接上出现不顺畅情况。如优秀公诉人评选活动，上海允许铁检院参加，但因为称号是由政治部门授予，带有管人的属性，所以造成列名次而不授予称号的尴尬局面。

二、跨行政区划检察需要重点解决的问题

党的十八届四中全会提出“探索设立跨行政区划检察院，办理跨地区案件”，目标是“构建特殊案件在跨行政区划法院检察院办理的诉讼格局”。现主体已经明确，主要依托对铁检院的改造而成，问题的核心就是搭建怎样的诉讼格局、确定哪些管辖范围等，重点需要研究在现有格局下如何顺利完成改革任务。

（一）需构建完整的跨行政区划诉讼层级体系

设立跨行政区划检察院既然是司法体制改革确定的目标，不会是现在试点层面的小范围的点，必然要扩大到面，如何有效建立统一完整的跨行政区划检察体系需要重点研究。跨行政区划改革防止的是因地方保护而导致的司法不公，而地方因素干扰的层面既有跨县的，也有跨市的，甚至还有跨省的，如果由市、县设置跨行政区划检察院来行使检察权显然是力不从心的。在跨行政区划检察改革的具体操作上，可对目前全国 18 个铁路运输检察分院适当进行整合改造后，分别在华北、华东、中南、华南、西南、西北等区域成立 1 个跨省级行政区划检察院。同时，对广东、山东、江苏、浙江、河南等案件大省，可依托当地的铁检院，在其省会城市或其他交通便利的大城市，再各设立跨市级行政区划检察院，具体承担一定数量和类型的案件办理职责，形成部分地区的两级跨行政区划检察院设置，以更加充分地履行职能。在北京、上海试点后没有在布局方面形成全国推广性经验的情况下，目前推动的省以下直管的检察改革给我们提供了思路，那就是在省级检察院的统一部署下进行一省内跨行政区划改革，在一省范围内推行基本无制度上的障碍。现在铁检院属于省级检察院的派出院也使改革更加顺畅，可直接由省级检察院确定省内跨行政区划检察院的设置和管辖范围，管辖跨市级的重大特殊案件。

（二）现阶段应推动省内跨行政区划改革

基于现状，将全国司法机关的人、财、物完全由中央统一管理，尚有一定困难。本着循序渐进的原则，逐步改革司法管理体制，先将省级以下检察院人、财、物由省级统一管理，最终为全国统一管理提供经验。就具体定位而言，省级以下检察院人、财、物统管，主要是为了排除省以下司法行政事务的同级干预，能较好地解决因地方司法机关的人、财、物受制于当地政府而造成的司法地方化的弊端，也是省级以下检察院人、财、物统管改革的初衷。在全国范围内设立跨行政区划检察院还需顶层设计，但无论何时设立，省以下跨行政区划检察院都要存在，在现阶段依托现有铁检院开展省内跨行政区划是符合省级以下检察院改革方向的，也是最可行的。

（三）需明确自身管辖范围

明确跨行政区划检察院的管辖范围是重中之重，要按照特殊案件的标准，找准哪些案件属于可能产生地方保护，哪些案件跨行政区划审理更为公正的范围来设置管辖范围，并严格限定特殊案件的范围，既不能影响普通检察院的正常审理，又体现出跨行政区划检察院的优势。一是突出专属管辖的属性，将最可能产生地方保护且跨地区有影响的重大破坏环境资源、食品药品监管、知识产权保护、重大民商事监督案件直接纳入跨行政区划检察院管辖，充分保护已加入国际公约的特殊领域等，防止地方因发展经济而影响制约案件的正常办理。二是防止将所有跨区划意义上的案件均纳入管辖，原因是要集中力量办理重大、特殊案件，根据现有铁检院实际来管辖所有跨行政区划案件的话，无法解决人案矛盾的问题，反而不利于跨区划重大案件的办理，还会导致上级院二审案件的突增。总之,要牢牢把握重大和特殊两个关键来确定案件管辖。

三、构建江苏跨行政区划检察院的设想

(一)层级设置构想

1. 市级院层级设置。既然跨行政区划检察院管辖的案件是重大的特殊类型案件,而且是跨市的案件,所以在层级设定上应定位在市级院的层面,这样符合我国诉讼法对于级别管辖的一般规定。江苏省内两家铁检院是省院直接的派出院,经费、组织、人事等均属江苏省领导,江苏省内跨区划案件由省院授权具有天然合理性,跨行政区划检察院受理一审重大、特殊案件,二审由省院负责。因江苏省属于经济大省,在江苏省内需要重点研究的是跨市级区划的案件,全省有 13 个地级市,96 个区县,分设两家跨行政区划检察院具体分片履行江苏全省重大的特殊案件的检察权是必要的。

2. 向人大负责并报告工作。跨行政区划检察院属于省院的派出院,因其职权产生是省院授权产生,所以应由省院将其工作情况一并向省人大及其常委会报告。必要时可定期就跨行政区划检察院的工作作出专项报告,自觉主动接受人大监督。检察长、副检察长、检察委员会委员及检察员由省级人大任命。

3. 对应跨行政区划法院。跨行政区划检察院当然对应跨行政区划法院,否则只在检察系统实现了跨区划,在审判阶段又回到普通法院审理没有意义。跨行政区划检察院向法院提起公诉跨行政区划案件和提起公益诉讼案件,跨行政区划法院各类司法业务应接受跨行政区划检察院的法律监督,所以在江苏省内必须由省院与江苏省人民法院共同就机构设置、管辖范围等方面共同制定规范性文件,并经“两高”同意后实施。

(二)内设机构设置构想

跨行政区划检察院内设机构,应突出专业性特点,体现这种不同于地方检察院的专属性特征。要加强业务机构、精简非业务机构的原则,突出强化司法办案,对于领导决策机构和综合管理机构大幅精简,确保检察职权高效行使,检察人员结构合理。[①]主要机构及职能如下:

1. 刑事检察部。承担刑事案件的审查逮捕、审查起诉、刑事诉讼监督、刑罚执行监督等检察职能。由于跨行政区划检察院所管辖刑事案件主要是环境资源保护、食品药品监管等领域案件,不涉及占地方检察机关案件很大比重的盗窃、危险驾驶等类案件,体量不大,所以审查逮捕、审查起诉可以由一个部门承担。

2. 诉讼监督部。承担刑事诉讼监督、民事行政诉讼案件监督以及民事行政公益诉讼提起等职能。根据案件办理和监督适度分离的特点,可以将部分刑事诉讼监督案件纳入诉讼监督部。跨市级行政区划检察院、跨省级行政区划检察院对所对应的跨行政区划法

---

① 孔璋、程相鹏:《检察机关内设机构改革问题研究》,载《西南政法大学学报》2014 年第 6 期。

院审理的重大民商事案件、行政诉讼案件实行法律监督。

3. 综合业务部。承担案件管理、检委办、法律研究等职能。将检委办、法律研究等职能从行政部分分离出来纳入综合业务部，是杜绝检察业务与行政管理混乱的情况，故此纳入案件管理部一并承担。

4. 综合管理部。负责行装、检察技术、法警、文秘、日常管理、政工人事等综合保障工作。严格来说，综合保障部门是检察辅助机构，集检察机关政治处、行装财务、办公室、法警队、技术、检委办等部门功能于一身，便于协调管理，提高检务保障水平。

另外，可根据省内集中管辖的实际情况设立部门，如集中管辖环境资源的检察院可以设立环境资源检察部，集中管辖知识产权案件"三审合一"的刑事、民事、行政案件的检察院可以设立知识产权检察部，以突出跨行政区划检察院的专业化、专门化。

（三）案件管辖范围设想

根据先行试点地区的经验，结合江苏省的检察实际，同时考虑案件涉及区域范围、案件严重程度、案件影响力大小等因素，建议江苏跨行政区划检察院纳入管辖的范围包括：

1. 跨地区的重大环境资源保护案件。江苏是经济大省，环境资源类犯罪比较多且存在着逐年上升的趋势，这一类犯罪尤其是企业违法排污等破坏环境类的犯罪极易引起地方保护和行政干预，如果由跨区划检察机关实现对此类案件的集中管辖，可以利用跨区划检察院的天然隔离性，防止和纠正对环境犯罪打击不力的问题。

2. 重大食品药品安全刑事案件。从犯罪特点来看，该类犯罪生产、销售、运输、储存等环节具有很强的跨地域性特征，受害人数多，涉及范围广，有的地方还存在地方保护主义，查办面临现实阻力。由于这一类犯罪数量比较大，将该类犯罪全部纳入跨区划检察院的受案范围也不现实，现阶段可将社会影响大、犯罪行为地域跨度较大的"异地侵害"案件实行跨区划集中办理，把握的侧重点也要归到"重大"上。

3. 重大的知识产权民事监督和刑事案件。近年来，知识产权纠纷快速增加，新情况新问题日趋增多，知识产权代表着科技创新、文化创新，其背后所涉及的经济利益以及可能引发的地方保护、行政干预因素亦是重大的。另外，知识产权还涉及世界品牌的保护，有一定的国际影响，同样需要检察权的介入，监督相关案件审判权的正确独立行使。现阶段可将跨市级行政区划的知识产权等领域民商事诉讼监督案件交由跨行政区划检察院专门办理。

4. 重大民事、行政公益诉讼案件。目前，法律已经赋予了检察机关提起公益诉讼的权力，公益诉讼也从试点阶段进入全面实施阶段，作为跨区划检察院也当然具有此项职能。将此类案件交由跨区划检察院办理，完全顺应司法改革的初衷，也与法院系统逐步将行政案件集中管辖的模式相契合。

5. 以设区市级、省级政府和省级行政机关为被告的行政诉讼监督案件。行政诉讼案件调整的是不平等主体之间的行政法律关系，也是最容易产生地方保护的，一些当地法院对以当地政府为被告的行政诉讼案件在处理上还是有些顾忌的。地方检察院承担对以设区市级、省级政府和省级行政机关为被告的行政诉讼监督案件,在理论上很难保证独立性和公正性。所以,由跨行政区划检察院作为行政诉讼案件的专门法律监督机关,能够更少受到来自地方的干预或地方保护主义的干扰。而行政案件集中由铁路法院受理是最高人民法院对于改造铁路法院的主要方向,南京和徐州两地行政案件分别由南京铁路运输法院和徐州铁路运输法院管辖审理,由对应的铁检院行使行政监督权更有天然的合理性。

此外,在监察委成立之后,跨行政区划检察院可以办理由受理内容中几类特殊案件而产生的相应职务犯罪案件,使跨行政区划检察监督工作有连续性,还便于移送在办理特殊案件中发现的职务犯罪线索,形成刑事司法和纪检监察协作配合长效机制,提升对国家工作人员违纪违法行为的监督合力。同时,可以负责办理司法人员职务犯罪案件审查起诉工作,以解决长期以来司法人员犯罪基本上均是一案一指定的问题。

司法体制改革视野下基层检察院案件管理职能调整的路径与思考

颜晓兰　唐智峰　刘元见*

摘要：司法体制改革给检察机关案件管理职能发挥带来业务属性质疑、职能定位冲击及素能培育差距等挑战，影响当前基层检察院案件管理部门在管理、监督、服务和参谋上的职能发挥。只有在司法体制改革中凸显案件管理部门的主导地位，以规范化为抓手统领全局，通过地位和实力双提升增强管理职能权威性、通过监管协调和配套机制增强监督职能综合效应、通过横向综合学科关联分析增强参谋职能专业性、借助“四化”手段增强服务职能，才能继续推进案件管理工作创新发展。

关键词：司法改革　检察机关　案件管理　职能调整

一、司法体制改革中案件管理职能面临的挑战

随着司法改革的深入推进，基层检察机关的检察官办案模式和内设机构都进行了调整或重构。作为履行内部监督管理的综合性业务部门，案件管理部门的各项工作职能同样面临改革的冲击。

（一）司法责任制改革——业务属性再遭质疑

案件管理部门因案件监督管理各项职能、业务特性与传统检察业务差异较大，其业务的属性问题一直被质疑。最高人民检察院发布的《关于完善人民检察院司法责任制的若干意见》（以下简称《意见》）中规定“检察官必须在司法一线办案，并对办案质量终身负责”①，即检察官必须办案并且对办案承担司法责任。作为检察机关的“新兴”部门，案

---

* 颜晓兰，广西壮族自治区南宁市检察院案件管理办公室主任；唐智峰，广西壮族自治区南宁市青秀区检察院案件管理办公室主任；刘元见，广西壮族自治区检察院案件监督管理处助理检察员。

① 《最高人民检察院关于完善人民检察院司法责任制的若干意见》。

件管理部门的工作主要体现在案件管理及案件质量监控上，其大部分工作不需要像传统办案中检察官审查案件后作出阶段性或终结性裁断，因此案件管理工作在是否需要承担司法责任方面，似乎还是一个悬而未决的问题。此外，对于什么是“办案”的界定争议，也似乎让“非主业”的案件管理职能遭到了“非业务化”的质疑。因为案件管理部门的工作对象虽然是案件，但其突出的是“管”而非“办”，其主要“通过事务性工作获取案件办理的业务数据从而实现全程监督、动态监督”，[①]而非直接对案件作出司法上的决定。

（二）内设机构调整改革——职能定位受到冲击

自案件管理部门成立以来，其管理、监督、服务、参谋四大职能之间地位高低及关系配置就未达成共识，而是“基于各地检察机关对案件管理工作的认识和对其期望担负职责的不同，使得案件管理办公室在其建立初期，虽遍地开花，却花色各异，良莠不齐，且这种现象在一直延续”[②]，甚至存在选择性履职和随意性履职的情形，十分不利于案件管理职能的整体统一发挥。检察机关内设机构整合后，使得案件管理职能配置协调问题面临更为复杂的局面。在实际当中，基层检察院案件管理部门多数与检委办、司法警察等部门整合。在如何权衡各部门职能与案件管理职能地位关系及整合问题上，存在多种考量的维度和纠结的向度，这不仅关系到案件管理职能的生存和发展，也关系到大部制整合后的整体效力和改革成绩。

（三）规范化建设不断深化——岗位专业素能相对滞后

在改革过程中，检察官主体责任地位得以彰显，在检察官办案规范监管问题上，对案件管理部门职能的发挥带来了新的挑战。改革之后，过程监管的重心将从部门整体监管向检察官个人监管转变，要求流程监控人员必须具备较高的专业化、智能化监控能力和监控数据深度利用能力。同时，司法体制改革对案件管理部门提出了案件评查专业化的要求。案件管理部门对检察官案件质量评查将不仅仅只是程序性方面的评价，更侧重于通过案件实体评查对检察官的司法素能进行评鉴[③]，这就需要案件评查人员比业务部门检察官具有更全面、更扎实、更深入的业务素养。

二、案件管理职能发挥的现状及存在的诸多问题

（一）管理职能发挥上缩限、扩张两难

从案件管理部门管理职能的缩限来看，一是日新月异的信息化、智能化管理，分解了案件管理部门的大量工作。二是案件管理部门由于大部分只负责程序性事项，并且与业务部门的实际办案相分离，难以发挥有效管理的作用。如在随机分案为主、指定分案为

① 李佳：《基层检察机关案件管理制度研究》，吉林大学 2015 年硕士学位论文。

② 郝晶晶：《诉议制度改革下检察案件管理的职能定位、现状与发展》，内蒙古大学 2017 年硕士学位论文。

③ 《人民检察院案件质量评查工作规定（试行）》第 16 条规定：“开展案件质量评查，应当着重从证据采信、事实认定、法律适用、办案程序、文书制作和使用、释法说理、办案效果、落实司法责任制等方面进行检查、评定。”

辅的案件分配机制中,由于统一业务系统目前只能做到“数”的均衡,无法实现“量”的均衡,案件管理部门在案件分配公平性上常会遭到业务部门的质疑。从案件管理部门管理职能的扩张来看,由于案件管理部门在检察机关内部地位的现实和限制,并不利于管理职能的创新发展。因为案件管理部门与其他内设业务部门属于同一层级的横向内设机构,在统筹规范化管理、统筹业务管理方面,难以发挥牵头功能和整体推动作用。

(二)监督职能发挥上刚柔难以相济

过于刚性和强势的观点认为,案件管理部门应当通过流程化监控、案件质量评查等具体监督途径开展工作,通过将监管效果与检察官绩效考评、职务升迁挂钩,全面直接管束制约其他业务部门。以这种理念来指导案件管理工作的开展,易导致与其他业务部门之间的抵触甚至对抗,不利于案件管理部门监督职能的发挥。过于柔性和弱势的观点则认为,案件管理部门不应该过多插手检察官办案过程或过度得罪人,只要不出什么大问题就应放过。以这种观点来指导案件管理工作的开展,很可能导致监管职能流于形式,弱化案件管理部门的监督职能。因此,案件管理部门的监督职能是一门需要因势利导进行均衡和度量的艺术,在整个案件管理职能体系中具有“成也萧何败也萧何”的重要意义,十分值得重视和深入探讨。

(三)服务职能发挥上支撑能力不足

在以统一业务系统为平台的信息化办案模式下,基层检察官最需要的服务可能是相应的技术支撑。而技术支撑往往都是与业务办理相关联的,技术部门的长处在统一业务系统后台配置上,而对不同业务部门案件的办理规则和流程问题,却难以提供有力支撑,案件管理部门在这一问题上也同样存在技术上的短板。如何连接好技术和业务的两端,提供一体化服务支撑,及时响应业务部门检察官信息化办案需求,是案件管理部门提高服务质效的重要一环。此外,在一些辅助性服务上也出现衔接不畅的局面,难以适应司法体制改革后检察官团队办案的新形势。

(四)参谋职能发挥上专业特性不强

案件管理部门的参谋作用,主要体现在业务数据的分析材料中。而业务数据分析材料的专业化水平,一直是制约基层案件管理参谋职能发展的一个瓶颈。因为目前基层检察机关的参谋分析材料大多还是侧重于业务数据的数学分析,大多还停留在同比、环比、增长、减少等层面的单项数字的统计分析,案件情况分析套用“情况—特点—原因—对策”模板进行简单分析的情形还比较普遍,结合数据进行横向知识结合的专业分析不够。如何结合统计学理论,利用SPSS、STAT等专业统计工具,对业务数据进行更为探索性、精细化分析和预判性分析鲜有涉及,在为领导决策层发挥有效参谋作用上,功能性和创新性还是不够的,难以凸显案件管理参谋工作的专业价值和司法特性。此外,利用刑事法学、心理学、管理学等相关联学科理论知识进行具有司法属性的分析方面也有待加强。

三、案件管理职能适应改革转型发展的注重路径

从检察机关改革总体来看，检察官司法责任制改革要求案件管理部门在“放权不放任”“监督不越位”上找到平衡点和切入点，切实发挥内部监督职能。因此，案件管理职能适应司法改革转型的重点首先是在监督职能的强化上。从案件管理部门内部改革来看，面临的最大问题是其职能的“业务化”和“专业化”问题。同时，案件管理职能适应司法改革转型的次重点就是自身职能建设的提档升级。

（一）注重统筹协调，凸显案件管理职能引领作用

要充分发挥案件管理部门通过对检察业务集中管理，统筹规划、协调推进司法办案工作规范开展，形成长效的统筹工作机制，有效促进办案质量的提高和司法公信力的提升。首先，从检察机关全局的职能作用来看，规范化建设始终是检察机关的重要任务，而在统筹规范司法中，案件管理部门的责任最重大、实践经验最丰富。这就要推动加强办案部门的自我管理和办案人员的自我约束，建立起一种全新的全院、全员、全过程的业务治理体系，实现案件管理工作从局部管理到系统管理、从碎片式管理到体系化管理、从个案件管理到业务治理的提升。其次，从职能的优化整合效果来看，案件管理部门具有“业务综合管理的职能属性，使案件管理具备了合理配置行政权和司法权天然优势”①，在单位内部发挥行政管理和业务统筹作用方面，显然比其他部门更具优势。如法律政策研究与案件管理中的参谋职能可以进行强强联合，发挥大案件管理的专业参谋作用，为领导决策层提供更好的智力支持；案件质量评查与检委会工作职能融合，可以尝试由检委会对案件及时进行点评评鉴，并由检委会委员对案件进行流程监控和案件质量评查，提高案件质量监督管理的专业化水平和权威性；人民监督员工作与案件管理的配合，则是吸收检察机关外部评价与监督的新途径，以赢得社会的认可和赞同。

（二）注重地位提升，增强管理职能内部权威

一是提升案件管理部门在内设部门中的地位。可以考虑将案件管理办负责人调整为由检委会委员或专委担任，直接对检委会和检察长负责。这样调整不但可以增强案件管理部门的法律属性，更能提高案件管理部门履行法律监督的权威效应。二是加强案件管理业务人才配备。可以在案件管理岗配置一些具有丰富刑检业务经验和一定声望的资深检察人员，发挥好资深检察官多年积累的业务和工作经验优势。三是强化岗位素能意识。要深入部署开展系统性、专业性的规范司法理念教育，创新培树规范司法理念的工作思路、方式举措，真正使规范司法成为思想自觉和行为习惯。四是强化岗位分类实训。认真对照全国案件管理岗位素能基本标准的具体要求，分析研究案件管理人员素质能力现状和不足，重点关注培训计划流程，找准案件管理人员素能短板，提高培训的针对

---

① 董学华、侯彦伟：《论案件管理对检察机关办案方式适度司法化改革的路径意义和构想》，2013 年第九届国家高级检察官论坛论文集。

性和实效性。五是加强轮岗锻炼。可以考虑让案件管理部门检察官或检察官助理到业务一线进行挂职轮岗锻炼,如此更贴近业务部门工作实际,便于开展有效监管,也有利于促进其他业务部门规范司法能力建设。

同时,要旗帜鲜明地回答案件管理部门业务属性的质疑。检察办案的内涵和外延,归根结底是由检察权的属性所引起和决定的。我国检察权集法律监督、司法、行政属性“三位一体”,客观决定了检察办案的性质不可能线性、单一,而具有多元复合的属性。如果认识不到这一点,界定和评价检察办案都不会全面。在案件管理职能属性定位上,应当带有司法属性的监督职能为主,以带有行政属性的管理职能为辅。从属性认定来看,检察机关是法律监督机关,法律监督是检察机关各项业务的共同属性,因而具有法律监督属性的工作基本可以认定为业务或是“办案”。在案件管理各项职能中,流程监控和案件质量评查两项工作属于内部法律监督,需要检察官依据相关法律作出判断,这也集中体现了法律监督的属性。因此,案件管理部门的监督职能是其具有业务属性的根基所在。

(三)注重刚柔并济,发挥监督职能综合效应

在监管职能的发挥上,案件管理部门应当从提升自身业务素能上狠下功夫,充分发挥好流程监控和案件质量评查两大“利器”效用,提高内部监督能力。在监管机制保障上,需要重视和加强完善相关工作部门配合协调制度、上下级检察院一体化制度、检察文化管理制度等衔接配合,特别是要与《检察机关完善司法责任制实施办法》《检察机关检察官权力清单》《检察机关案件质量评鉴工作规定》《检察机关工作人员绩效考核及奖金分配办法》等系列司法改革制度相协调,同时还要和思想政治制度、干部人事制度、勤政廉政制度、后勤保障制度等规章制度对接配套。对外要完善接受党的领导和人大的监督制度、人民监督员制度、与政协新闻媒体律师信息沟通等制度,充分实现制度间的互补和支持,以确保监督机制的稳定性、规范化和长效性,帮助检察官实现自我管理、自我规范、自我发展的良性循环,让检察官在司法改革进程中,真正成为自我管理完善的责任主体,更加高效提升规范司法建设的成效。

(四)注重横向综合,增强参谋职能专业水平

案件管理的参谋职能需要往专业化方向进行纵深发展的原因之一,是司法体制改革后检察机关司法的属性进一步彰显,领导层在司法管理和法律事项决策方面的需求进一步增强。案件管理的参谋职能必须顺应这一发展趋势,及时夯实基础,切实增强专业化法律服务能力和水平。在数据分析方面,要结合统计学进行专业分析,进行业务数据的关联性分析、校验分析、试探性分析、预测分析等,不断开发业务数据利用潜能。在案件情况分析方面,注意犯罪学与刑事司法相互结合,形成更为客观和科学的分析结论。如对某类犯罪产生的各类原因,应当充分利用大数据信息资源,结合本地区社会经济、法治、文化及人文习俗等多方面因素,从不同角度进行全面、深入和精准的分析,提出科学、

合理的解决建议以供领导参考。

同时,参谋作用还要注重以下几个方面:一是注重内外两个层次和角度。案件管理部门的业务参谋研判既要帮助检察机关内部找准问题,推动检察工作发展;同时,又要面向社会,为党委、政府决策服务,为加强和改进社会治理服务。二是参谋分析要精深有力。业务分析既要及时反映全面情况,也要关注单项业务工作、重点业务环节、突出业务问题,分门别类地进行专题研究,增强决策服务的实效性和针对性。三是加强力量整合。要吸收一批法律政策水平高、业务能力强和文字功夫好的同志参与这项工作。要建立健全业务参谋分析成果交流报送制度和信息采用激励机制,上级院要积极搭建平台、创造条件,促进成果应用。

(五)注重"四化"建设,推动案件管理工作提档升级

在司法改革转型形势下,各级案件管理部门要适应内部和外部因素变化,自觉推动工作从粗放型向精细型提升,由快速度向高质量转化,从铺摊守摊到精耕细作、精益求精,从有模有样到有声有色、有为有位。特别要注重以标准化、智能化、可视化、一体化为抓手,促进案件管理工作的提挡升级,努力实现案件管理工作效能显著发挥、监管权威显著提升、队伍活力显著增强的发展。

1. 注重标准化管理操作。要将案件管理制度进一步深化、细化为案件管理业务标准,对工作要求和程序进行清单式梳理,加快形成包括统一受案标准、流程监控标准、案件质量评查标准、信息填录标准、数据使用标准等案件管理业务标准体系,实现案件管理活动的刚性化操作、高效率开展、高质量执行,切实规范和指引具体工作,保障精细化发展要求得到真正落实。

2. 注重智能化手段支撑。抓住智慧检务建设的历史机遇,依托统一业务应用系统,大力推进案件信息智能采集、监管问题智能识别、分析成果智能加工、办案质量智能判断、办案效果智能评价,大力推进智慧案件管理建设,打造"人工智能 + 案件管理"的检察业务智慧管理体系。

3. 注重可视化管理方法。充分依托现代技术手段,围绕"全程可追溯、进度可视化、结果可评价"的目标,使业务问题从发现、分析到解决成为一个持续的看得见的过程,实现司法过程可视化、司法管理透明化,见案、见人、见原因、见整改、见效果,实现从模糊混沌到清晰透明,从一本糊涂账到情况一目了然,从简单地发现问题到有效地解决问题的转变。

4. 注重一体化资源整合。要建立健全案件管理部门内部相互配合机制,合理考虑分工模式和力量配备,构建案件管理部门内部"大监管"工作格局。要加强和其他部门的协作联动,把案件管理部门的"他律"与办案部门的"自律"有机结合起来,强化整体合力,推动案件管理工作上新台阶。

检察监督信息化平台构建研究

胡洪平　张　旭　肖　艳*

摘要：检察监督是“大监督”，包括对民事、行政、刑事诉讼活动及执行活动的监督。目前，检察监督存在着发展不平衡、手段匮乏、缺乏刚性等问题。计算机信息技术的飞速发展使我们进入了大数据时代，给检察监督带来了巨大挑战，也带来了难得的发展机遇。检察机关应充分拥抱时代发展潮流，利用信息技术最新成果建设监督大数据库，进而建设检察监督信息化平台，解决目前检察监督存在的诸多问题。

关键词：检察监督　大数据时代　监督数据库　信息化平台

一、大数据时代对检察监督的挑战和机遇

（一）大数据时代对检察监督带来的挑战

1. 全数据模式分析与单案审查之间的矛盾。目前，检察监督的基本模式是案件承办人在办案过程中，就单案审查发现存在违法情形，按照程序以检察机关的名义提出纠正意见。大数据强调的是对不同时期同一地域范围内的同一类案件存在的问题进行全方位数据分析，并据此得出相应的监督意见，而目前的检察监督强调的是对个案的审查、监督，二者有待融合。

2. 趋势发展预测与被动事后监督之间的矛盾。大数据的核心是预测，是通过数据分析模型和方法对海量数据进行分析，预测事情发生的可能性或者事情发展的可能趋势，而预测必然是超前和主动的。目前的检察监督是典型的被动事后监督，主要是通过诉讼程序进行，而诉讼程序的启动本身具有被动性，依赖于其他国家机关案件移送或者当事人的控告、申诉，由检察机关自行主动提起的诉讼在实践中较少。

---

* 胡洪平，江苏省江阴市人民检察院党组书记、检察长；张旭，江苏省江阴市人民检察院青阳检察室副主任，员额检察官；肖艳，江苏省江阴市人民检察院民事行政检察科检察官助理。

3. 计算机人工智能与人力手工操作之间的矛盾。大数据时代建立在计算机存储能力及运算能力大幅提高的基础之上，通过云计算等数据分析工具和技术对数据进行分析处理，其进行运算和判断的主要工具是计算机信息系统，操作人员只要根据计算机人工智能系统给出的结论或者建议进行分析或者修正即可。而检察监督的现状是人力书面审查的“单打独斗”占据绝对地位，违法行为的发现依赖于承办人书面审查的“火眼金睛”，监督文书的制作发放依赖于承办人的手工操刀。

（二）大数据时代给检察监督带来的机遇

1. 大数据时代使检察机关的实时法律监督成为可能。检察监督领域发展不平衡，主要原因在于检察机关无法了解其他国家机关执法的详细情况，尤其是无法掌握其他国家机关执法的实时动态情况。如果检察机关建立相应的数据库，与相关国家机关进行数据端口对接，通过大数据技术，就可以实时掌握其他国家机关的执法活动详细情况，进行实时监督。

2. 大数据时代使计算机人工智能辅助监督成为常态，解放检察机关人力资源。大数据是信息社会的标志，计算机人工智能又是大数据时代的典型模式，检察监督应当也完全可以运用计算机信息技术发展的最新成果，将监督对象的信息数据化，再通过相应监督信息平台对程序性监督内容进行直接分析研判，作出监督处理意见。在对实体性监督内容进行分析研判后，由检察监督人员参考相应研判结果作出最终监督意见，提高监督效率和效果，缓解检察机关案多人少的矛盾。

3. 大数据时代有助于促成检察机关“诉监分离”，设立独立的检察监督部门。运用计算机人工智能系统辅助监督人员进行检察监督在不久的将来会常态化、普及化，与之相对应的是需要专业化的监督队伍。专业化监督队伍的建设必然要求办案与监督分离，办案人员专注于办案，监督人员聚力于监督，也就同时要求设立独立的检察监督部门，运用大数据手段统一履行检察监督职能。

二、检察监督大数据库的建设

目前检察机关的数据库主要服务于部门办案或者信息统计，如控申工作信息管理系统、刑事执行检察工作平台等，除检察机关统一业务系统外，各部门、各条线的业务或者应用系统也互不兼容、互不连通，难以形成合力，且操作程序复杂。运用大数据分析方法的基础在于掌握和使用足够多的数据，大数据分析法不只关注一个随机的样本，而是数据的整体，也即“样本 = 总体”，因为大数据是建立在掌握所有数据或尽可能多的数据的基础上的。检察监督信息化的前提是掌握足够多的数据，也即建设检察监督大数据库，这是检察监督信息化的前提和必要条件。检察监督大数据库应当区别于“各自为战”的各部门、各条线的业务数据库，应当从以下几个方面对其进行建设：

1. 保留和扩充现有的自侦数据库。有观点认为，自侦部门已整体转隶，检察机关的工作重心将聚焦于检察监督，自侦部门原有的数据库是服务于职务犯罪案件侦查的需要，与检察监督关系不大，不需要纳入检察监督的大数据库。笔者认为这种观点有失偏颇。自侦数据库的确主要服务于职务犯罪的侦查，但对于检察监督并非没有意义，如户籍信息、工商登记资料可以核对犯罪嫌疑人（单位）的身份；违法犯罪记录可以查询有无遗漏犯罪前科；住房、车辆、银行账户等财产信息可以监督法院民事判决、裁定执行情况是否到位，是否存在虚假诉讼；通话信息、车辆轨迹等可以核实案情；等等。当然，在保留现有的自侦数据库的同时，应当对相关数据进行扩充，如增加社保、交通、水电气网、出入境记录，甚至股票、期货、基金、位置、天气等尽可能多的社会信息资源。这种数据库看似杂乱无章，不知用途几何，但很有可能哪一天或者哪一次对哪一个案件中出现的违法行为的监督就会使用到这些数据。正如维克托教授所言："数据的真实价值就像漂浮在海洋中的冰山，第一眼只能看到冰山一角，而绝大部分都隐藏在表面之下。"①实际上，掌握尽可能多的数据是运用大数据和云计算的前提。

2. 建立国家行政机关行使职权的行政行为数据库。如前所述，《中共中央关于全面推进依法治国若干重大问题的决定》要求对涉及公民人身、财产权益的行政强制措施实行司法监督，要求检察机关对行政机关违法行使职权或者不行使职权的行为进行监督。《中华人民共和国人民检察院组织法（修订草案）》规定，检察机关依法对国家机关及其工作人员行使职权的行为进行监督。监督的前提是了解和掌握这些行使职权的行政行为的内容和法律依据，目前这部分监督职能基本是由检察机关的民行部门来实现。从现有司法实践情况来看，民行部门受理此类案件的案源一般是依靠刑事检察部门、自侦部门案件线索的移送或民行联络员提供，没有主动及时发现违法行政作为或者不作为的途径。要加强对行政机关及其工作人员行使职权行为的法律监督，必须改变现有的被动监督模式，变被动为主动，这就要求建立国家行政机关（应当有一定的地域性，如某市、某省）行使职权的行政行为数据库，适时掌握各行政机关依职权作出的各种行政行为，主要是具有行政执法权的机关作出的涉及公民人身、财产权益的行政处罚和行政强制措施，以及对企业作出的相应行政处罚及行政强制措施。这些行政机关包括（但不限于）公安（治安处罚、交通违法处罚）、工商、税务、环保、质量监督、安全监督、食品药品监督、城市管理、国土、劳动监察、教育、科技、文化、卫生、互联网等部门。这些行政执法数据在检察机关对行政诉讼监督及提起公益诉讼等方面同样具有重要价值。

3. 建立公、检、法、司统一应用信息平台。如前所述，检察监督的主要方式是通过诉讼手段对其他国家机关在诉讼活动中行使权力是否合法情况的监督，主要是对公安、法院、司法行政机关的法律监督，其前提同样是对诉讼活动的全程掌握。由于刑事案件是

① ［英］维克托·迈尔－舍恩伯格、肯尼思·库克耶：《大数据时代：生活、工作与思维的大变革》，盛杨燕、周涛译，浙江人民出版社2013年版，第15页。

由检察机关提前介入、批准逮捕、审查起诉及支持公诉,几乎是全程参与诉讼过程,故检察机关可以实现对进入诉讼程序的刑事案件的全程监督,但对于立案后甚至刑事拘留后未移送审查起诉的刑事案件及民事诉讼案件、行政诉讼案件、法院执行案件则无法实时了解,更谈不上全程监督,这也是检察监督领域发展不平衡的重要原因所在。建立公、检、法、司统一信息平台,一方面是为了办案流转的便利(如苏州市建立的政法信息综合管理平台第一、第二期),另一方面是要实现检察机关对公安机关立案或刑拘后未移送审查起诉案件,法院民事、行政案件的判决、裁定、调解、决定,司法行政机关审前评估,社区矫正情况的实时把控和有效监督。

无论是扩充现有的自侦数据库,还是建设行政机关行政行为数据库,或者公、检、法、司统一应用信息平台,都需要一个循序渐进的过程,不可能一蹴而就,即便建成,也需要不断完善、更新和升级。人员信息数据及社会信息数据的收集相对容易,但国家行政机关行政行为数据库由于相关配套监督法律规定得不明确,且涉及行政机关的切身利益,需要倾注大量的精力去协调沟通。而公安、法院、司法行政机关和检察机关业务联系紧密,建立统一应用信息平台相对比较容易,笔者建议先从公、检、法、司统一应用信息平台入手建设,将公安机关的治安处罚、交通违法处理等行政处罚信息也纳入其中,积累运行经验后再进行升级改造,并逐步向其他有行政执法权的机关扩展,最终完成将所有涉及行政执法的行政机关职权行为纳入大数据库中的任务。数据的录入,应当优先录入刚刚作出的行政行为或判决、裁定、决定,再按照时间顺序前推,逐步完成将相关部门输入计算机存储系统的所有电子数据全部录入的任务。

需要强调的是,检察监督大数据库的建设绝不是某一个或某几个基层检察院的"单打独斗",它需要在积累经验后逐步推广,在一定地域范围内(设区市、省)逐渐实现联网并库,形成数据规模效应,真正实现"大数据库"。

三、检察监督信息化平台的建设

大数据库的建设只是完成了检察监督信息化的原始数据储备,就如一座矿山、一片大海,内容繁复又无序杂乱,仅根据大数据库还达不到监督的效果。甚至,由于数据过于繁杂,其监督效率会低于目前运行的单人手工书面监督,所以必须通过相应的工具和技术手段才能发掘、提炼数据库中的"宝藏"。发掘检察监督大数据库价值的工具就是检察监督信息化平台,该平台建设的水平,直接影响甚至决定着检察监督信息化的实际成效。笔者认为,依托检察监督大数据建立的检察监督信息化平台,应当实现以下功能:

1. 快速便捷的综合查询功能。查询功能是所有信息化平台最基础的功能,查询功能快速便捷与否也是衡量一个信息化平台优劣的重要指标。检察监督信息化平台应如百度、谷歌等搜索软件一样,依托云计算技术,注重数据的关联关系,在输入查询关键词时,查询页面应当能按照重要程度分块显示与关键词相关的全部内容。例如,输入一个人名时，查询页面应当能显示其户籍信息、通讯方式、名下车辆、住房、相关银行账户、涉及的企业信息，以及是否受到过相关行政、刑事处罚及处罚情况、文书号码，是否涉及民事、行政诉讼及相关法律文书等情况；又如，输入法律文书号码，查询页面应当能显示法律文书内容、生效时间、裁判依据、关联法律、类似案例裁决情况等内容；再如，输入一个处罚类型如行政拘留，应能显示一个时期内所有被行政拘留的案件信息及处罚依据。

2. 准确及时的违法预警功能。大数据分析的核心在于预测，检察监督信息化平台的核心在于预警，即对发现的违法情形或者可能违法的情况提醒检察监督人员进行关注并予以处理。对于羁押期限超期、审限超期、答复、回复时间超期等可以量化的明显程序性违法事项，直接进行红色预警；对于很可能存在的问题，如刑讯逼供、暴力取证、罪名确定、法律适用、刑期计算错误、行政处罚依据错误等事项，进行黄色预警；对于易发错误及可能存在争议的事项，进行蓝色预警。相关预警应当能够显示违法或者可能违法的事实、理由及相关法律规定和历史案例，由检察监督人员根据预警等级及内容进行相应的处理操作。

3. 齐全规范的法律文书生成功能。人工智能辅助办案是检察监督信息化的重要体现，也是解放人力资源、缓解案多人少矛盾的重要途径。检察监督信息化平台在实现违法预警功能的同时，应如检察机关统一业务应用系统一样，对于预警的违法事项，根据预警等级的不同，附带对应的可以一键生成的格式法律文书，或纠正违法通知书，或规范取证意见书，或检察建议书、抗诉书、公益诉讼文书。检察监督人员根据预警等级及违法事项的严重程度，对照相应法律规定，填充修正必要的内容，按照权限进行审批后，向监督对象发出相应的法律监督文书。

4. 即时同步的监督信息报备功能。检察监督偏软散，缺乏刚性和公信力的现状，既有后续监督手段匮乏的客观情况，也有上级检察机关支持力度不够的现实因素。上级检察机关支持力度不够固然有方方面面的原因，但很重要的一点是信息不畅的问题，现有的监督手段中除抗诉文书会通过上级检察机关向同级法院提出外，其他监督手段主要体现于各类报表及检察机关统一业务系统之中，未能实现即时同步的监督信息报备，上级检察机关不能即时掌握违法事实及监督依据，更谈不上如何对下级检察机关的法律监督进行支持了。如前所述，检察监督大数据库应当实现在一定地域内的联网，检察监督信息化平台也应当实现在相应地域内的统一运行，下级检察监督情况通过监督平台应事先即时同步向上级检察机关报备，上级检察机关对于下级检察机关未收到相应回复、未起到监督效果的监督文书，通过向同级相应国家机关进行通报、函询、发出监督文书等手段进行有效支持，实现检察监督一体化。

5. 安全高效的风险防控功能。大数据在带来便捷的同时也带来了巨大的风险，个人信息和隐私在大数据和云计算面前几无隐藏的可能，如何防范信息泄露及保护个人隐私是大数据时代面临的主要课题。检察监督大数据库既包含了个人信息资料，也包含了行政机关行政行为及依据,还包括公、检、法、司的大量涉密信息,数据一旦泄露,将带来不可挽回的巨大损失和影响。依托大数据库建立的检察监督信息化平台应当专网专用,通过建立网络防火墙与外网、内部公共网进行隔离区分,通过信息加密技术防止信息泄露,同时对使用该平台的监督人员根据其职责分工设定不同的权限,确保数据安全。

部分危害食品药品安全犯罪的此罪与彼罪*

江苏省连云港市人民检察院课题组**

摘要:非食品原料与狭义的食品添加剂之间是一种包容与被包容的关系。“超限量”针对的是允许经营使用的食品添加剂,而“超范围”所针对的则是不允许经营使用的食品添加剂。将无碘食用盐或碘含量不足的食用盐直接作为辅料生产某种食品,或者将前述食品作为“食材”再行加工成其他食品,二者的危害实质并无不同。对于行为人在对外出售的“伟哥”中掺有“西地那非”等禁用物质的个案,应认定为生产、销售有毒、有害食品罪。

关键词:食品添加剂　工业盐　无碘盐

近年来,随着现代科技在食品药品生产、销售领域的深入应用,危害食品药品安全犯罪也呈现出材料多样化、行为隐蔽化、认定复杂化等特点,导致实践中出现一些对危害食品药品安全犯罪行为在罪名认定上不同的现象,这在一定程度上影响了法律的统一正确实施和犯罪打击效果。因此,建立统一的常见涉案物品和法律规定的认识范畴,对于有效打击各类危害食品药品安全犯罪具有重要的意义。

---

* 本文系 2017 年最高人民检察院检察应用理论课题“危害食品药品安全犯罪的法律适用问题研究”的部分研究成果。

** 课题组负责人:宋祥林,江苏省连云港市人民检察院检察长;马荣春,江苏省扬州大学法学院教授。课题组成员:周小纯,江苏省连云港市人民检察院政治部主任;李佳杰,江苏省连云港市人民检察院检察官助理;王俊壹,江苏省连云港市海州区人民检察院检委会专职委员;高彦锋,江苏省连云港市海州区人民检察院员额检察官。

一、由“食品添加剂”所引起的此罪与彼罪

(一)食品添加剂的性质认定

在司法实务中,对于食品添加剂,有人认为属于食品原料,即其认为非食品原料是指卫生部发布的《食品添加剂使用标准》中所列的品种以外的工业原料,故我国允许使用的食品添加剂属于食品原料。而大多数人认为,食品添加剂属于非食品原料。由于不同的结论直接关系到行为人掺入食品添加剂的行为成立何种犯罪,故有必要厘清相关概念之间的逻辑关系。食品添加剂本身并不具备食品原料可充饥、有营养的基本功效,而只是出于延长保质期、改善食品的感官性状以及保持或改善营养价值等“技术需要”才添加于食品原料之中,因此其理当归属于非食品原料之列。

然而,食品添加剂与非食品原料的概念关系需要进一步确定。仅从字面上看,向食品中添加的非食品原料往往指的就是食品添加剂,但二者之间能否画等号?对于食品添加剂,笔者可作出狭义与广义两种理解。狭义的食品添加剂,是指国家食品卫生行政法规许可使用的食品添加剂;而广义的食品添加剂,除了包括狭义的食品添加剂,还包括那些未经安全性评估及毒理学评价的被排除在许可使用名单范围之外的添加剂或物质,这些名单范围之外者可视为属于“非食品原料”的范畴。显然,“非食品原料”与狭义的食品添加剂之间是一种包容与被包容的关系,即前者的范围大于后者。而与前述不同的是,“非食品原料”与广义的食品添加剂之间,基本上是一种口径对等的概念关系,即在理论上,“食品原料”范畴之外的任何物质都属于“非食品原料”。

(二)与食品添加剂相关的定罪量刑问题

《食品添加剂新品种管理办法》第 2 条规定了食品添加剂新品种,包括未列入食品安全国家标准的食品添加剂品种、未列入卫生部公告允许使用的食品添加剂品种、扩大使用范围或者用量的食品添加剂品种。同时,《食品添加剂新品种管理办法》还对食品添加剂新品种的审查许可作出了明确规定。由此可见,有关食品安全的行政法规将食品添加剂确认为允许经营使用的食品添加剂和不允许经营使用的食品添加剂。对此,有关刑事司法解释作出了与食品安全行政法规相一致的规定。具体而言,根据《最高人民法院、最高人民检察院关于办理危害食品安全刑事案件适用法律若干问题的解释》(以下简称《解释》)第 8 条规定,在食品加工、销售、运输、贮存等过程中,违反食品安全标准,超限量或者超范围滥用食品添加剂,足以造成严重食物中毒事故或者其他严重食源性疾病的,依照《刑法》第 143 条的规定以生产、销售不符合安全标准的食品罪定罪处罚。显然,“超限量”针对的是允许经营使用的食品添加剂,而“超范围”所针对的则是不允许经营使用的食品添加剂。将食品添加剂“超限量”的案件定性为生产、销售不符合安全标准的食品罪,基本上是没有问题的。但是,可以用来概括“超限量添加”的“非法添加”还包括另一种情形,即“超范围添加”。“超限量添加”是指不该多添加而多添加,“超范围添加”是指在某种食品中根本不应该添加某种物质而予以添加。对于“超范围添加”的食品安全个

案，认定为生产、销售有毒、有害食品罪，在理论上是没有问题的，因为生产、销售有毒、有害食品罪属于抽象危险犯。可见，受到食品安全法律法规直接规制的食品添加剂，应被视为一个广义的概念。而只有当把这里的食品添加剂视为一个广义的概念，才有助于更加全面、深入地预防危害食品安全的犯罪。

接下来的问题是，在广义的食品添加剂概念之下，属于不同范围的食品添加剂的违规经营使用行为，便自然而然地形成定罪量刑的差异，正是罪责刑相适应原则和刑罚个别化原则，进而是个案刑事正义的体现。在这里，笔者应对《解释》的相关规定重新审视。按照该《解释》第 8 条规定，超限量或者超范围滥用食品添加剂，足以造成严重食物中毒事故或者其他严重食源性疾病的，依照《刑法》第 143 条的规定以生产、销售不符合安全标准的食品罪定罪处罚。在笔者看来，有关食品卫生安全的行政法规对食品添加剂之所以作出允许使用和不允许使用的范围划分，是因为不同的添加剂对人体健康有着不同的影响。由此可以推定，不在食品卫生安全行政法规允许使用之列的添加剂，是有毒、有害的物质；在食品卫生安全行政法规允许使用之列的添加剂，且用量没有超出规定的，是符合安全标准的物质。因此，对超限量滥用食品添加剂，足以造成严重食物中毒事故或者其他严重食源性疾病的个案，应依照《刑法》第 143 条的规定以生产、销售不符合安全标准的食品罪定罪处罚；①对超范围滥用食品添加剂的个案，无须考虑是否足以造成严重食物中毒事故或者其他严重食源性疾病，应依照《刑法》第 144 条的规定以生产、销售有毒、有害食品罪定罪处罚，因为这样的个案被视为具有“抽象危险”的个案。

二、由“盐”所引起的此罪与彼罪

（一）在食品中违法使用工业盐行为的定罪问题

对于在生产销售的食品中掺入工业盐的个案，司法实践已经形成了按照生产、销售有毒有害食品罪或者生产、销售不符合安全标准的食品罪予以究责的不同做法，亦即形成了不同的定性主张。

一是认为构成生产、销售有毒、有害食品罪。其理由在于：根据《食品安全法》第 34 条规定，禁止生产经营的食品包括用非食品原料生产的食品或者添加食品添加剂以外的化学物质和其他可能危害人体健康物质的食品。根据《食品安全法》第 40 条规定，食品

---

① 超限量使用食品添加剂即超标使用食品添加剂，但在“足以造成严重食物中毒事故或者其他严重食源性疾病的”所对应的超限量即超标的数量，亦即达到生产、销售不符合安全标准的食品罪的追诉标准问题上，目前还没有形成统一的标准。例如，含铝泡打粉超标使用，究竟超标多少才能达到追诉标准，在江苏，泰州地区的标准相对统一，即铝含量达到 200 微克以上就可以列入刑事侦查，而徐州、盐城等地区的标准尚未具体统一。上海地区规定，超标 1 倍使用食品添加剂时，便足以造成严重食物中毒或者其他食源性疾病，即以生产、销售不符合安全标准的食品罪追究其刑事责任。由此看来，针对食品添加剂的不同类型确定“足以造成严重食物中毒事故或者其他严重食源性疾病的”超标标准，以解决追诉标准问题势在必行，由于当前没有标准或标准不一的状况导致了司法不统一，进而损害了司法公信力。

生产经营者应当按照食品安全国家标准使用食品添加剂。而《食品添加剂使用标准》(GB 2760－2014)则规定了食品添加剂的使用原则、允许使用的食品添加剂品种、使用范围及最大使用量或残留量。但该标准未将工业盐列为食品添加剂。按照《解释》第20条的规定,“法律、法规禁止在食品生产经营活动中添加、使用的物质”,应当被认定为“有毒、有害的非食品原料”。因此,用工业盐来生产食品或销售明知是用工业盐生产的食品的行为,符合《刑法》第144条的规定,应认定为生产、销售有毒、有害食品罪。

二是认为构成生产、销售不符合安全标准的食品罪。其理由是:除未添加碘以外,工业盐与食用盐无异,推定其有毒、有害的依据不足。在处理工业盐案件中,不能仅凭“GB 2760－2014”中未列有工业盐,或仅从其名称中含有“工业”字样,就简单推定其有毒、有害,而应该通过鉴定来确定其毒害性。此前《关于依法严惩“地沟油”犯罪活动的通知》和《解释》第9条、第20条规定了推定为有毒、有害食品的情形,如农药残留、兽药残留、重金属、污染物质以及其他危害人体健康的物质和法律、法规禁止在食品生产经营活动中添加、使用的物质等。这些物质对人体有害是一个常识,但工业盐与上述物品没有相当性,也没有证据证实其有毒、有害。故用工业盐来生产食品或销售明知是用工业盐生产的食品的行为,应认定为生产、销售不符合安全标准的食品罪。

在笔者看来,从工业盐国家标准“GB/T 5462－2015”和食用盐国家标准“GB 5461－2016”可以看出,食用盐指标有物理指标、化学指标、卫生指标、碘酸钾指标、抗结剂指标,而工业盐仅有化学指标。在指标区别的背后,是对杂质的要求不同:工业盐不能包含水不溶物、钙镁离子、硫酸根离子等杂质;而食用盐,除此之外还不能包含氟、钡、砷、铅等对人体健康有害的杂质。工业盐与食用盐的指标差异及其对杂质的要求差异,所说明的正是工业盐以及掺入工业盐的食品对人体的毒害性。因此,用工业盐来生产食品或销售明知是用工业盐生产的食品的行为,宜被认定为生产、销售有毒、有害食品罪。这里要特别强调的是,通过质疑工业盐的毒害性而对用工业盐来生产食品或销售明知是用工业盐生产的食品的行为主张认定生产、销售不符合安全标准的食品罪,根本原因还是在于对食品中掺入工业盐的危害性问题存在认识偏差。而这里要注意的是:工业盐和食用盐这对概念的定语即“工业”与“食用”已经表明工业盐和食用盐各有用途。因为二者各自的化学性能有所不同,因此当把工业盐用在了食用用途时,其毒害性自然产生。

(二)涉及碘盐的违法行为的罪名认定问题

为了有效预防和控制碘缺乏病,以保障人民群众身体健康,卫生部于2011年9月15日发布了《食用盐碘含量》(GB 26878－2011)。该标准规定,食用盐产品(碘盐)中碘含量的平均水平(以碘元素计)为20—30mg/kg,允许波动范围为±30%。同时,要求各地政府卫生行政部门应当在标准规定的范围内,确定适合本地情况的食用盐碘含量的平均水平。而在属于《食用盐碘含量》标准实施范围的地区,食用盐中“必须”按规定添加碘。

按照《解释》第1条规定，生产、销售不符合食品安全标准的食品包括“属于国家为防控疾病等特殊需要明令禁止生产、销售的”。显然，在属于《食用盐碘含量》标准实施范围的地区生产、销售无碘食用盐或碘含量不符合要求的食用盐，应被视为符合“国家为防控疾病等特殊需要明令禁止生产、销售的”规定，故应认定为符合生产、销售不符合安全标准的食品罪的犯罪构成，即在属于《食用盐碘含量》标准实施范围的地区生产、销售无碘食用盐或碘含量不符合要求的食用盐，这样的个案应认定为生产、销售不符合安全标准的食品罪。

进一步的问题是，在属于《食用盐碘含量》标准实施范围的地区，行为人将明知是无碘食用盐或碘含量不符合要求的食用盐腌制或加工的食品作为“食材”再进一步生产或销售的，如个体户甲从盐贩乙处购买无碘食用盐用于腌制火腿，饭店老板丙明知甲销售的火腿系无碘食用盐腌制，却仍购买后将火腿作为“食材”来进一步加工成其他菜肴并出售，这样的行为该如何定性或确定罪名？司法实践中有这样一种担心或顾虑，即国家对缺碘地区的食用盐中必须添加碘的明确规定，仅是针对食用盐本身，而国家对腌制品及其他食品中是否需要添加碘以及碘含量并无明文规定，故在缺碘地区生产、销售无碘食用盐是涉嫌犯罪，但将明知是缺碘食用盐生产的“食材”予以进一步的加工或销售的行为认定为犯罪行为，便于法无据，且可能导致打击面的进一步扩大。对此，笔者应当确信，无论是无碘盐，还是含量不足的碘盐，都是通过食入人体后才可能对人体健康产生危害。因此，无论是将无碘食用盐或碘含量不足的食用盐直接作为辅料生产某种食品，还是将前述食品作为“食材”再行加工成其他食品，只是危害人体健康的“途径”不同，而危害实质并无不同，类似于前述个体户甲的个案宜认定为生产、销售不符合安全标准的食品罪。

三、使用或添加其他物质所引起的此罪与彼罪

（一）“毒豆芽”案件背后的罪名认定问题

有的司法工作人员提出，《解释》第20条对“有毒、有害的非食品原料”范围作出了规定，但是对于一些本身没有毒害性，而仅仅因为没有添加必要性的非食品原料，添加后也不会对食品安全带来危害，对于食品中调剂此类物质是否也应当以“生产、销售有毒、有害物品罪”来定罪量刑？如在“毒豆芽”案件中，因在生产过程中往豆子中添加“无根素”（主要成分为6－苄基腺嘌呤，该物质本身无毒害性，但因不具备添加的必要性，而被卫生部列为禁止在食物中添加的物质）。这样的案件，在实践中产生了“生产、销售有毒、有害食品罪”和无罪两种分歧。在“雷某某、谭某某生产销售有毒、有害食品案”中，法院经审理认为，6－苄基腺嘌呤属于《关于食品添加剂对羟基苯甲酸丙酯等33种产品监管工作的公告》规定的食品生产企业禁止使用的物质，依照《解释》第20条的规定，应当认定雷某某、谭某某使用了有毒、有害非食品原料，故判决二被告人成立生产、销售有毒、有害食

品罪。[①] 而在"郭晓某、鲁某生产、销售有毒、有害食品案"中,法院认为被告人虽然在生产绿豆芽过程中使用了含有 6－苄基腺嘌呤等物质的"速长王",但没有证据证明豆芽中检测出的 6－苄基腺嘌呤等物质对人体能造成何种危害,故应当认定二被告人情节显著轻微、危害不大,最终作出无罪判决。[②] 如果"无根素"确实无毒害性而只是没有添加的必要,则所谓"毒豆芽案"确应作出无罪处理,但按照常理,本身没有毒害性而仅仅是没有添加必要性的非食品原料,卫生部何以将之列为"禁用"之列?对于这样的案件,除了生产、销售有毒、有害食品罪和无罪的分歧,且无罪的理由是"无根素"的毒害性尚未得到确切证明,也应引发出生产、销售有毒、有害食品罪与生产、销售不符合安全标准的食品罪的分歧。显然,在上述分歧中作出何种选择,最终还是要看卫生部禁止的理由是什么。客观地说,卫生部"禁用"规定本身并不必然说明使用"无根素"的豆芽即"毒豆芽"就已经具有生产、销售有毒、有害食品罪所要求的毒害性,但"禁用"规定本身能够说明"毒豆芽"已经是一种不符合安全标准的食品或曰"危险食品",正如研究所表明:对"无根素"也有人得出"安全"的结论,但多数结论是"低毒"。[③] 从生产、销售有毒、有害食品罪是抽象危险犯来看问题,对"毒豆芽案"论以生产、销售有毒、有害食品罪是没有问题的。但既然对"无根素"存在着"安全"和"低毒"的科学分歧,则司法实践将之认定为生产、销售不符合安全标准的食品罪便显得相对稳妥。

(二)在"伟哥"中掺有"西地那非"的认定问题

在"伟哥"中掺入"西地那非"(国家禁用药物)的个案是认定生产、销售假药罪还是生产、销售有毒、有害食品罪?既然"西地那非"被国家明确为禁用药物,则该物质应被视为有毒、有害性物质。而有毒、有害的物质被掺入食品之中,则被掺入的食品也就当然具有有毒、有害性。这是从客观上看问题。行为人在诸如"伟哥"中掺有"西地那非"这样的国家禁用药物,其目的并非意在用国家禁用药物本身来非法获利,而是意在通过保健食品本身来非法获利,掺入国家禁用药物不过是非法获利的手段而已。这是从主观上看问题。因此,对于诸如行为人在对外出售的"伟哥"中掺有"西地那非"这样的在保健食品中掺入禁用物质的个案,应认定为生产、销售有毒、有害食品罪。司法实践中,有判例将此类案件认定为生产、销售假药罪。[④] 实际上,在保健食品中掺入禁用物质的个案也属于法规竞合犯,即生产、销售假药罪与生产、销售有毒、有害食品罪的法规竞合犯,因为保健品当然属于广义的食品。那么,在"择重处罚"之下最终按照哪一个罪名予以究责呢?生产、销售假药罪与生产、销售有毒、有害食品罪的最高档法定刑都是"10 年以上有期徒刑、

---

① 参见(2014)广安刑再初字第 1 号刑事判决书。

② 参见赵秉志、张伟珂:《食品安全犯罪认定问题研究》,载《刑事法学》2017 年第 6 期。

③ 陈涛:《危害食品安全问题之定性探讨——以"毒豆芽"为研究视角》,载《中国人民公安大学学报》2017 年第 3 期。

④ 参见(2013)浙杭刑终字第 44 号刑事判决书。

无期徒刑或者死刑”,但生产、销售假药罪的前两档法定刑分别是“三年以下有期徒刑或者拘役”和“三年以上十年以下有期徒刑”,而生产、销售有毒、有害食品罪的前两档法定刑分别是“五年以下有期徒刑或者拘役”和“五年以上十年以下有期徒刑”。比较之下,生产、销售有毒、有害食品罪相对为重。因此,对于诸如在保健食品中掺入禁用物质的生产、销售假药罪与生产、销售有毒、有害食品罪的法规竞合犯,笔者认为应按生产、销售有毒、有害食品罪予以究责。

承担行政职能的事业单位颁发的证件是否属于国家机关证件

——从一起伪造道路运输证案件说起

李富金*

一、基本案情

2013年7月至2014年12月期间，李某某经营盐城佳华汽车贸易有限公司。2013年7月，被告人沈某某以110000元的价格通过李某某购买挂车（长17.5米、宽3米）及车牌号码为“闽H5839挂”的《机动车行驶证》《道路运输证》等国家机关证件各1本，后被告人沈某某在使用上述证件从事运输过程中被查获证件系伪造。沈某某随后通过联系李某某和被告人张某、王某某等人，由王某某重新提供车牌号码为“鲁DU219挂”的《机动车行驶证》《道路运输证》等国家机关证件各1本并交付使用。

2014年12月，被告人张某某以78000元的价格通过李某某，李某某通过被告人张某、王某某，由被告人王某某从他人处购得车牌号码为“桂N9050挂”的《机动车行驶证》《道路运输证》等国家机关证件各1本，后在使用上述证件从事运输过程中被交警部门查获上述《机动车行驶证》、年检合格标志系伪造并被行政处罚。随后被告人张某某通过联系李某某、被告人王某某等人，由被告人王某某等人重新提供车牌号码为“桂N8565挂”的《机动车行驶证》《道路运输证》等国家机关证件各1本，交于被告人张某某使用。

2014年12月，被告人顾某以73000元的价格通过李某某，李某某通过联系被告人王某某，由被告人王某某从他人处购得车牌号码为“冀HC207挂”的《机动车行驶证》《道路运输证》等国家机关证件各1本。

* 李富金，江苏省响水县人民检察院党组副书记、副检察长。

二、分歧意见

《道路运输证》是否属于国家机关证件，直接决定了三名被告人是否构成犯罪。本案在审理过程中，存在两种不同的意见：

一种意见认为，《道路运输证》是由运输管理部门颁发的，而运输管理部门是事业单位并非行政机关，不属于国家机关。国家机关，是指从事国家管理和行使国家权力的机关，包括国家元首、权力机关、行政机关、监察机关、审判机关、检察机关和军事机关，不包括事业单位。因此，《道路运输证》不属于国家机关证件，本案应定伪造事业单位印章罪或者不构成犯罪。《最高人民法院、最高人民检察院关于办理与盗窃、抢劫、诈骗、抢夺机动车相关刑事案件具体应用法律若干问题的解释》第2条规定，“伪造、变造、买卖《机动车行驶证》、登记证书，累计三本以上的，依照刑法第二百八十条第一款的规定，以伪造、变造、买卖国家机关证件罪定罪”，其中也未提及《道路运输证》，因此《道路运输证》不属于国家机关证件。

另一种意见认为，道路运输管理机构虽不属于行政机关，但其颁发的证件具体行政管理职能，张某的行为属于伪造国家机关证件，应当构成犯罪。根据江苏省高级人民法院、江苏省人民检察院、江苏省公安厅《关于办理制贩假证犯罪案件具体应用法律若干问题的意见》（苏公通〔2005〕148号）第1条规定，“行为人实施伪造、变造、买卖国家机关公文、证件、印章行为的，以刑法第二百八十条第一款规定的伪造、变造、买卖国家机关公文、证件、印章罪定罪处罚。”只要实施买卖国家机关证件行为的，不论数量多少均构成犯罪。

三、评析意见

笔者同意第二种意见，上述“两高”的司法解释并不是排他性规定，列举到的证件属于国家机关证件，未列举到的并非一定不属于国家机关证件。《机动车行驶证》、登记证书属于用途、权属证明，《道路运输证》属于营运资格的证明，其对道路安全的作用同样不可忽视。此外，笔者从以下三个方面对《道路运输证》的性质进行分析。

1. 道路运输管理机构对道路管理的职能基于行政法规的授权。《道路运输条例》第7条规定：“国务院交通主管部门主管全国道路运输管理工作。县级以上地方人民政府交通主管部门负责组织领导本行政区域的道路运输管理工作。县级以上道路运输管理机构负责具体实施道路运输管理工作。”该条规定明确了地方人民政府交通主管部门（即交通运输局）在道路运输管理工作中的职责，即负责组织领导本行政区域的道路运输管理工作，同时授权具体的道路运输管理工作由县级以上地方道路运输管理机构（即道路运输管理处）负责具体实施。

在《道路运输条例》的制定过程中，对于如何规定道路运输管理机构曾有不同的意见。一种意见是不赞成笼统地把道路运输管理授权给道路运输管理机构；另一种意见是规定授权道路运输管理机构负责道路运输管理工作。最后,立法机关认为由行政法规授权道路运输管理机构负责管理道路运输活动,不仅符合《行政许可法》的规定,而且符合道路运输管理的实际情况和保护道路运输管理工作的连续性,也不影响道路运输管理机构未来的改革和变化,因此作出授权的规定。[①] 我国《行政许可法》第23条规定:"法律、法规授权的具有管理公共事务职能的组织,在法定授权范围内,以自己的名义实施行政许可。被授权的组织适用本法有关行政机关的规定。"因此,道路运输管理机构实施的行政许可属于行政法规授权的行政许可,运管处虽是事业单位,但因其获得行政法规的授权,故其颁发的《道路运输证》属于国家机关证件。

2. 道路运输管理机构具有对《道路运输证》的行政管理职能。根据《道路运输条例》第25条中规定,申请从事货运经营的,应向县级或市级道路运输管理机构提出申请;收到申请的道路运输管理机构,应当自受理申请之日起20日内审查完毕,作出许可或者不予许可的决定。予以许可的,向申请人颁发道路运输经营许可证,并向申请人投入运输的车辆配发车辆营运证;不予许可的,应当书面通知申请人并说明理由。《道路货物运输及站场管理规定》对《道路运输证》进行了多处规定。其中第5条规定,"县级以上地方人民政府交通运输主管部门负责组织领导本行政区域的道路货物运输和货运站管理工作。县级以上道路运输管理机构具体实施本行政区域的道路货物运输和货运站管理工作。"第13条规定,"被许可人应当按照承诺书的要求投入运输车辆。购置车辆或者已有车辆经道路运输管理机构核实并符合条件的,道路运输管理机构向投入运输的车辆配发《道路运输证》。"虽然是配发,但仍然要进行审核,进一步明确了道路运输管理机构负责发放《道路运输证》。第21条规定,"道路货物运输经营者应当要求其聘用的车辆驾驶员随车携带《道路运输证》。《道路运输证》不得转让、出租、涂改、伪造。"明确了对证件的管理要求。第47条规定,"道路运输管理机构应当加强对道路货物运输经营和货运站经营活动的监督检查。"上述规定进一步说明了道路运输机构对运输管理的行政职能和《道路运输证》的证件属性及行政属性,明确了道路运输管理机构对证件的发放、查验、管理职能,规定了对无《道路运输证》进行货运的行政处罚措施。

3.《道路运输证》是由行政机关颁布的证件。《交通部关于启用新版道路运输证件的通知》(交公路发〔2005〕524号)中规定:"现颁布新版《道路运输经营许可证》《道路运输证》,自2005年12月1日起核发并开始使用,至2006年11月30日核发结束。在核发期间,新证、旧证同时有效,各地不得对未核发地区持旧证的车辆实施行政处罚。2006年12月1日起,旧证废止。"该通知的《附件2:〈道路运输证〉修改说明及管理使用规定》中指出,"《道路运输证》是交通部统一制定的经营道路运输的合法凭证。凡在我国境内从

---

① 《道路运输管理的主管机关和具体管理机构是什么?》,载湖北省交通运输厅道路运输管理局网:http://www.hbys.gov.cn/gybw/hyxcs/15043.htm,最后访问日期:2018年3月20日。

事道路运输经营活动和非经营性道路危险货物运输的机动车辆，均须持有《道路运输证》，并随车携带，以备查验。”“县级以上道路运输管理机构是《道路运输证》的主管机关，并发放《道路运输证》。经营者取得《道路运输经营许可证》的前提下，向车籍地的道路运输管理机构申领《道路运输证》。道路运输管理机构受理后，审核合格的，在《道路运输证》上加盖道路运输管理机构证件专用章，并配发给经营者。”同样说明《道路运输证》是由交通行政管理部门颁布的、交通运输管理机构发放管理的具有行政管理职能的法定证件，属于国家机关证件。

之所以对此问题存在争议，主要原因还是在于运输管理处属于事业单位。在最高人民检察院研究室《关于伪造、变造、买卖政府设立的临时性机构的公文、证件、印章行为如何适用法律问题的答复》(〔2003〕高检研发字第17号)中明确规定："伪造、变造、买卖各级人民政府设立的行使行政管理权的临时性机构的公文、证件、印章行为，构成犯罪的，应当依照刑法第二百八十条第一款的规定，以伪造、变造、买卖国家机关公文、证件、印章罪追究刑事责任。"临时性机构的证件都可以按国家机关证件处理，作为经过法定授权的事业单位，其证件也应当作为国家机关证件对待。事业单位颁发国家机关证件，其实远不止交通运输管理部门发放的《道路运输证》，如以前颁发的房产证(2015年3月1日实施《不动产登记暂行条例》后为《不动产权证书》)是否属于国家机关证件也曾存在争议，为此公安部经济犯罪侦查局2003年6月26日下发的《关于房产证是否属于"国家机关证件"问题的研究意见》认为，房产证属于政府房地产管理部门填发的房产证明，属于国家机关证件，"最高人民检察院侦查监督厅也同意此意见。"[①]承担行政管理职能的事业单位，除了运输管理部门外还有很多。事业单位承担行政职能，是特殊历史条件下形成的，这种政事不分不能的现象不能适应依法行政的要求。因此，《中共中央、国务院关于分类推进事业单位改革的指导意见》中明确提出，"对承担行政职能的，逐步将其行政职能划归行政机构或转为行政机构"[②]。此外，在《中共中央办公厅、国务院办公厅关于开展承担行政职能事业单位改革试点的指导意见》中也明确了具体的改革要求。因此，随着改革的深入，事业单位颁发国家机关证件有望成为历史，但在改革到位之前，这些部门颁发的、具有行政管理职能的证件仍应作为国家机关证件对待。当然，在量刑的平衡上，作为国家机关证件的《道路运输证》，是否应与《机动车行驶证》一样采用累计3本以上作为入罪的标准也需要进一步研究。

---

① 于浩编：《刑事法律分类适用全书·刑法》，法律出版社2012年版，第1027页。

② 《中共中央　国务院关于分类推进事业单位改革指导意见》，载中国政府网：http://www.gov.cn/jrzg/2012-04/16/content_2114526.htm，2018年3月20日访问。

法治微评

怎样大兴调查研究之风

谭大金　王小刚*

近期，中央、省委、最高人民检察院领导连续发表讲话，要求大兴调查研究之风。作为基层司法机关从事调研工作的笔者，很受鼓舞。从笔者的工作经历看，有时完成上级调研往往有以下套路：比如要有详细的调研方案，具体到谁汇报、谁发言、谁起草汇报内容、参观什么项目等等。其中，参与座谈发言的人要经过挑选，三观正、有眼力的人是上选，冒冒失失、不懂分寸的人，要回避。

这些看似精明的套路，迎合的是少数形式主义的调研，劳民耗力又成效寥寥。而还有一些走马观花式的调研犹如逛庙会，热热闹闹，有阵仗，有排场，看似身处群众中间，实际与群众距离遥远。要大兴调查研究之风，重新拾回"传家宝"，站在基层同志的角度，笔者提出几点想法。

1. 摆正"位子观"。什么叫"位子观"？这实际上说的是调研者面对调研对象的心态。有的错把上级调研看成是对下指导，调研座谈会变成了工作部署会。不可否认，上级机关站位高、把握政策准、信息掌握全面，但基层的优势是身处"一线"，了解司法办案堵点、痛点，解决问题贴近实际情况的点子多。摆正"位子观"，利用基层优势，变"指导"为"服务"，变"部署"为"取经"，才能先为"调查研究"正本清源。

2. 敢于听真话。调研最怕什么？笔者认为是听不到真话。仍以调研座谈会为例，经常参与调研座谈会的同志肯定深有体会，心理绝对五味杂陈，有时既想讲好，又想说点实际问题。而问题往往刺耳，不中听，所以得拿捏尺度，说话的艺术性在此体现得淋漓尽

---

* 谭大金，江苏省人民检察院研究室编辑部主任；王小刚，建湖县人民检察院研究室主任。

致。从工作的角度，调研座谈开成精致包装过的、万花筒式的交流会，其价值必然大打折扣。笔者建议，调研座谈要聚焦主题谈问题，不表功，不吹捧，要讲真话；要容许提意见、讲问题，不能渴求发言的同志讲得成体系、全正确，哪怕有一点启发性的建议就算是“金玉良言”。这也是我们党的优秀传统，红红脸、出出汗才有利于问题的解决。

3. 别按“剧本”走。一些地方的调研“剧本”相比电影剧本一点都不逊色，几点到哪，听取什么人的汇报，参观什么项目，会见什么人等等，事无巨细，安排得妥妥当当。此外，调研“剧本”内容着实单一，安排的“剧目”无非是汇报会、座谈会、参观品牌项目等等。这种调研一切都是预设的，效果可想而知。笔者建议，调研不要“剧本”化，可以不打招呼、不作准备，最好多些突然袭击式的“飞行”调研，直接深入基层交流，多到办案场所，多去基层同志办公室，多到一线岗位上，听听一线同志未经雕琢但真实的声音。

4. 少点“来料加工”。说起调研，很多基层同志头就疼，症结在于调研约等于码字。一说要调研了，有关同志便有的忙了，写调研材料成了硬任务，每篇调研还得总结经验、分析问题、提出建议，附带典型案例。有些调研，变成了习近平总书记曾经批判过的“听听汇报、收收材料，搞点来料加工”。文字是表达的载体，但现在演变成了唯一的载体，于是催生了苦命的码字一族，消耗了大量的人力物力。从基层的角度，笔者建议在大兴调研之风的同时，压缩精简文字材料，不必事事有稿子，不必每个调研都整成要素齐全的“八股文”，可以提纲挈领、简明扼要，表达清楚想法就好。少些假大空套，多些有滋有味的真材实料。

5. 多些反馈与回应。很多同志可能有这样的经历，参加调研座谈，提过很多中肯的建议，最后会上领导总结说一定带回去认真研究，供党组决策参考，但最后往往石沉大海，没有下文，谁也不知道研究的如何？结果如何？这种调研很消磨基层同志的期盼，让人对调研本身产生质疑，也导致不少实践问题得不到及时有效的解决。笔者建议调研要必备反馈机制，及时对问题作出回应，提倡“马上就办”，现场办公，就地解决问题；不能立马解决的，也要及时将研究结果、解决办法向基层反馈，增强基层对调研工作的认同感。盼望多些能力水平强、有担当的“领导”下基层调研；盼望多些问题在调研当场予以解答、释惑。

大兴调查研究之风，基层同志双手赞成。不怕风大，因为风好正是扬帆时，可以乘风破浪解决问题。只是要谨防刮歪，变成一阵风，变成重数字不重效果的新形式主义。

江宁推事拒贿断想

赵学武*

由汪庆祺编、李启成点校的《各省审判厅判牍》选编了晚清各级审判厅部分优秀案例,目的是为司法官和学者的司法教学提供参考。其中一个案例为江宁地方审判厅审理的李振镛有事以财行求案[①],该案因李振镛贿赂江宁地方审判厅民庭推事而被举发。现将该案判词摘录如下:

"李振镛籍隶江宁县,系官立第三两等模范小学堂毕业生……以前事赴江宁地方审判厅呈控,希图翻案。当经民庭驳斥,用匿名信并附裕和钱店期票一百元呈承审推事,以期邀准。承审推事即行举发,因案系以财行求,改送刑庭预审前来。当提李振镛研讯,据供前情不讳……此案李振镛因争继翻案,辄敢以洋条百元行求推事……依有事以财行求,计所与财坐赃论律,计所与赃值银七十两,兑取现洋充公外,除由本厅拟处九等罚,追银十二两五钱,模范小学生毕业撤革,相应移请检察厅照章执行。"

本案中的民庭推事姓氏名谁,我们不得而知,姑且称他为江宁推事。他在本案中的作为令人感佩,同时又让人产生强烈的好奇,是怎样的司法生态能让江宁推事断然拒贿?!

回答这一问题,有必要回顾一下晚清的司法改革。20 世纪初,晚清在内外交困下,痛定思痛,锐意修律,进行了一场以大规模移植和继受西方法律为主要内容的法制大变革。1902 年《中英续议通商行船条约》第十二款约定:中国深欲整顿本国律例,以期与各西国律例改同一律,英国允愿尽力,以成此举;一俟查悉中国律例情形及其审断办法,及一切相关事宜,皆臻妥善,英国即允弃其领事裁判。[②] 随后,清政府频频谕令,积极策划推动修订法律、预备立宪,进而改革官制。光绪二十八年(1902 年),清廷正式任命沈家本、伍廷

---

* 赵学武,江苏省人民检察院侦察监督处四级高级检察官。

① 汪庆祺编,李启成点校:《各省审判厅判牍》,北京大学出版社 2007 年版,第 185 页。

② 黄源盛:《中国法史导论》,广西师范大学出版社 2014 年版,第 331 页。

芳为修订法律大臣,1904 年成立修订法律馆。光绪三十二年(1906 年)七月十三日,颁布《宣示预备立宪谕》。[①] 同年九月二十日,清政府改革官制,改刑部为法部,掌管全国司法行政,不再兼理审判。改大理寺为大理院,为最高审判机关,并负责解释法律,监督各级审判活动。[②] 同年九月二十七日,颁布《大理院审判编制法》,规定了大理院作为最高审判衙门的性质,明确司法独立原则,确立大理院、高等审判厅、地方审判厅和乡谳局组成四级三审制。光绪三十三年(1907 年)五月,清政府令各省分期筹设审判厅,达到最终实现司法独立、收回治外法权的目的。

晚清各级地方审判厅是在当时预备立宪的背景下启动和运作的。光绪三十三年七月初五,清政府改考察政治馆为宪政编查馆,作为实施预备立宪的办事机构,专办编制法规,统计政要各事项,议覆有关系宪政及各种法规条陈。[③] 光绪三十四年(1908 年)八月初一,清廷颁布了《钦定宪法大纲》和议院未开以前《逐年筹备宪政事宜清单》[④]。按照筹备宪政事宜清单的规定,己酉第二年(1909 年)颁布法院编制法,筹备各省省城及商埠等处各级审判厅;庚戌第三年(1910 年)各省城及商埠各级审判厅限年内一律成立。[⑤] 为推动各级审判厅设立,法部先后制定了《拟补订高等以下各级审判厅试办章程》《拟定各省城商埠各级审判检察厅编制大纲》《各省城商埠各级审判厅筹办事宜》。[⑥] 宣统元年(1909 年)十二月,宪政编查馆核准法部于光绪三十三年十月奏进的《京师高等以下各级审判厅试办章程》。[⑦] 江苏作为先行试办省份,于宣统二年(1910 年)十一月设立江苏高等审判厅[⑧],在苏州、江宁等 4 个府设立地方审判厅,在长洲等 7 个县、商埠设立了初级审判厅。[⑨]

江宁推事如何得任现职?在法官考试章程未实行以前,由法部派署。根据《各省城商埠各级审判厅筹办事宜》,推事由督抚同按察使或提法使[⑩]认真遴选品秩相当之员,或专门法政毕业者,或旧系法曹出身者,或曾任正印各官者,或曾历充刑幕者,或指调部员,

---

① 尤志安:《蜕变——中国传统刑事司法的近代化》,中国政法大学出版社 2017 年版,第 90 页。

② 张晋藩:《中国宪法史》,中国法制出版社 2016 年版,第 96 ~ 97 页。

③ 张晋藩:《中国宪法史》,中国法制出版社 2016 年版,第 107 页。

④ 张晋藩:《中国宪法史》,中国法制出版社 2016 年版,第 126 页。

⑤ 李启成:《晚清各级审判厅研究》,北京大学出版社 2004 年版,第 75 页。

⑥ 李启成:《晚清各级审判厅研究》,北京大学出版社 2004 年版,第 76 ~ 77 页。

⑦ 参见宪政编查馆奏核订法院编制法并另拟各项暂行章程折,吴宏耀、种松志主编:《中国刑事诉讼法典百年(上册)》,中国政法大学出版社 2012 年版,第 246 页。

⑧ 参见直省省城商埠各级审判厅一览表,李启成:《晚清各级审判厅研究》,北京大学出版社 2004 年版,第 222 页。

⑨ 参见"清法部奏颁直省省城商埠各级厅厅数庭数员额表",载汪庆祺编,李启成点校:《各省审判厅判牍》,北京大学出版社 2007 年版,第 442 ~ 447 页。

⑩ 光绪三十三年(1907 年),清政府改各省按察使司为提法使司,专管地方司法行政。参见尤志安:《蜕变——中国传统刑事司法的近代化》,中国政法大学出版社 2017 年版,第 91 页。

俱咨部先行派署。[①] 以上各员,均作为署任。俟法官考试任用暂行章程奏明实行后,考核成绩,再行分别奏补。[②] 宣统元年十二月二十八日颁布《法院编制法》及《法官考试任用暂行章程》[③],宪政编查馆奏内明确指出:凡非推事、检察者,未经照间考试,无论何项实缺人员,不得奏请补署法官各缺。[④] 按照此项规定,此后法官之任用,舍考试外别无他途。

第一次全国法官考试由法部于宣统二年举办,分笔述和口述两场。笔试的主要内容为:(1)奏定宪法纲要。(2)现行刑律。(3)现行各项法律及暂行章程。(4)各国民法、商法、刑法及诉讼法。(5)国际法。第二至第四为主要科,主要科分数不及格者,余科分数虽多,不得录取。口述科目以主要科为限,笔述还有论说一篇,以主要科命题。[⑤]

拥有参加法官考试资格者,一是在法政、法律学堂三年以上领有毕业文凭者,二是举人及副优拔贡以上出生者,三是文职七品以上者,四是旧充刑幕,确系品端学裕者。[⑥] 旧人想通过新式法官考试,需参加法政学堂学制包括本科、别科、讲习科等速成科。别科主要招收已入仕人员及具有传统功名的地方绅士,年限为三年。讲习科主要招收在职官员,一年半毕业。[⑦] 第一次全国法官考试,报考总人数约三千五百到三千六百左右。[⑧] 通过者560余名,通过率约16%[⑨]。

全国法官考试在先,江宁地方审判厅成立在后。江宁推事如系通过第一次法官考试的员生,根据《法院编制法》第一百一十六条规定,属于奏补官,由该管长官查明才资相当者拟定,由法部奏补,即由皇帝任命。[⑩] 江宁推事如系法部在法官考试之前派署,论其出身亦属江宁一时之选。

江宁推事在审判厅中地位如何?根据法部核定,地方审判厅推事员额为六名,分属民事庭和刑事庭。有两名庭长,其中一个庭长由审判厅厅长兼任。[⑪] 江宁推事在民庭从事审判工作,是否担任庭长,无从知晓,即使是普通推事,也不简单。当时整个江苏省仅有十二家审判厅,高等和地方审判厅各有六名推事,初级审判厅仅有一名推事,全省共三十七名。新政伊始,江宁推事位列其中,荣光一时。

江宁推事的待遇如何?清政府为推进司法独立,给予推事极高的待遇。隆其位,法

---

① 李启成:《晚清各级审判厅研究》,北京大学出版社2004年版,第77页。
② 李启成:《晚清各级审判厅研究》,北京大学出版社2004年版,第117页。
③ 李启成:《晚清各级审判厅研究》,北京大学出版社2004年版,第99页。
④ 李启成:《晚清各级审判厅研究》,北京大学出版社2004年版,第99页。
⑤ 李启成:《晚清各级审判厅研究》,北京大学出版社2004年版,第103页。
⑥ 李启成:《晚清各级审判厅研究》,北京大学出版社2004年版,第100页。
⑦ 安新予:《清末法政教育的兴起》,载《中山大学研究生学刊(社会科学版)》1997年第18卷第1期。
⑧ 李启成:《晚清各级审判厅研究》,北京大学出版社2004年版,第99页。
⑨ 李启成:《晚清各级审判厅研究》,北京大学出版社2004年版,第114页。
⑩ 吴宏耀、种松志主编:《中国刑事诉讼法典百年》(上册),中国政法大学出版社2012年版,第261页。
⑪ 汪庆祺编,李启成点校:《各省审判厅判牍》,北京大学出版社2007年版,第435页。

部奏各地方审判厅推事品级定为从六品，[1]高于知县和同级行政人员，江宁推事至少是从六品。厚其禄，法部编定省城商埠地方审判厅推事月俸银币140元，[2]同审判厅警察的月俸比较看，警长月俸12元，警卒月俸8元，[3]两者相差十余倍。

江宁推事的任职保障如何？《法院编制法》第一百二十二条至第一百二十七条对推事职业保障进行了详细周到的规定。推事如因精神衰弱不能任事，各省由提法司申报法部，奏请退职。审判衙门如有裁改，其裁缺之推事，由法部奏请，给以全俸，遇缺即补。法部无法定事由不得对推事勒令调任、借补、停职、免职及减俸。推事退职后，得受恩俸。这些规定，让推事独立行使审判权而无后顾之忧，让司法独立有了制度基础。

由是观之，江宁推事出身优渥，生逢其时，位列新式审判厅员额，地位高、俸禄厚，职业保障无虞，实为当时上流社会之精英。遥想当年，江宁推事，端坐厅署，阅匿名信及期票后，拍案而起："我本士人，心怀天下，司法救国，尔竟财求，坏我清誉，毁我长城，是可忍，孰不可忍，遂持信举发。"

江宁推事拒贿一节，事虽小，然寓意丰富，可以一窥晚清司法改革的面貌及成效。

---

① 李启成：《晚清各级审判厅研究》，北京大学出版社2004年版，第73页。

② 汪庆祺编，李启成点校：《各省审判厅判牍》，北京大学出版社2007年版，第435页。

③ 汪庆祺编，李启成点校：《各省审判厅判牍》，北京大学出版社2007年版，第435页。